Célio Jacinto dos Santos

TEORIA DA INVESTIGAÇÃO CRIMINAL

Célio Jacinto dos Santos
Mestre em Criminologia e Investigação Criminal
Especialista em Processo Penal
Delegado de Polícia Federal aposentado
Diretor e professor do Centro de Estudos de Investigação Criminal

TEORIA DA INVESTIGAÇÃO CRIMINAL

Del Rey editora
Belo Horizonte
2020

Impresso no Brasil | Printed in Brazil
EDITORA DEL REY LTDA.

www.editoradelrey.com.br

Editor: Arnaldo Oliveira

Editor Adjunto: Ricardo A. Malheiros Fiuza
In memoriam

Diagramação / Capa: Alfstudio

Revisão: Rogério Luís Barroca Costa

EDITORA
Rua dos Goitacazes, 71 – Lojas 20 a 24
Centro - Belo Horizonte-MG
CEP 30190-909
Comercial:
Tel.: (31) 3284-3284 | 25163340
vendas@editoradelrey.com.br
Editorial:
editorial@editoradelrey.com.br

S237t
Santos, Célio Jacinto dos
Teoria da investigação criminal / Célio Jacinto dos Santos. — Belo Horizonte: Del Rey, 2020.
xvi, 240 p. : il. — Inclui bibliografia.

ISBN: 978-85-384-0572-6

1. Direito penal – Brasil 2. Investigação criminal – Brasil 3. Prova criminal – Brasil 4. Crime – Brasil 5. Criminalística I. Título

CDU (1976) 343.977

Ficha catalográfica elaborada pelo bibliotecário Junio Martins Lourenço CRB 6/3167.

Dedico esta conquista aos meus pais Sebastião e Rosalina, exemplos de humildade, fortaleza e retidão de caráter.

À minha esposa Sílvia, pelo apoio, estímulo e paciência.

Às minhas filhas Ananda e Larissa, pelo amor e paciência e, principalmente, à minha filhinha Isabela, suave perfume que veio alegrar nossas vidas.

Todas as opiniões têm o direito a se expressar. É pelo debate vigoroso e construtivo que, juntos, cartografamos o caminho que se segue.

Nelson Mandela

O que mais separa diferentes tipos de homens de ciência, mais do que qualquer outra coisa, são as diferenças em suas técnicas.

Charles Sanders Peirce

Não se pode procurar o que está completamente esquecido.

Santo Agostinho

SUMÁRIO

APRESENTAÇÃO

O estudo da investigação criminal tem sido objeto de manuais, que geralmente apresentam análise técnico-jurídico das disposições legais sobre a matéria, ou seja, o saber normativo, principalmente do Código de Processo Penal e de leis correlatas, com destaque atualmente para a lei de organização criminosa com suas técnicas especiais de investigação. Essa vertente reflete a demanda por saber jurídico-penal, emergente dos problemas enfrentados pelos criminalistas dentro do sistema de persecução criminal.

É bastante comum o estudo de *como* a investigação criminal se desenvolve, que traz subsídios para os profissionais que atuam na área, de maneira alinhada ao *dever ser* estampado no conhecimento normativo, mas com os recursos do saber aplicado. Esta produção disciplinar é fruto de esforço gerado por estudiosos "de dentro" do meio investigativo oficial, mas é possível encontrar produções "de fora" da polícia.

Tem se avolumado no ambiente investigativo o estudo de técnicas ou meios de investigação que potencializam o trabalho de pesquisa, em virtude do surgimento de meios tecnológicos modernos, mas sem a necessária criticidade do nível epistêmico e sua compatibilização a um sistema coerente de investigação e processo penal, além de questões éticas e axiológicas que permeiam a obtenção e valoração de provas daí decorrentes.

Nos últimos tempos uma nova geração de criminalistas tem se preocupado em estudar mais a investigação criminal, principalmente por intermédio de voluntarismos de militantes da investigação, os quais procuram a academia para debater cientificamente e divulgar a matéria, ou, através de publicações especializadas, como se nota nos esforços da "Escola de Brasília de Investigação Criminal", por nós assim denominada, como as publicações da *Revista de Direito de Polícia Judiciária* e da coleção *Investigação Criminal*, cujo nível de evolução científica pode ser medida pela paradigmática obra "Saber e poder: o processo (de investigação) penal", de Eliomar da Silva Pereira.

Nota-se uma ampliação dos debates sobre a investigação, com ampliação do número de dissertações e teses defendidas sobre o tema, de iniciativa de delegados de polícia, além das produções oriundas do setor da perícia criminal. Também, tem surgido grupos de pesquisadores policiais pelo Brasil afora, além da Escola de Brasília, como os professores e delegados Henrique Hoffmann, no Paraná; Ruchester Marreiros Barbosa, no Rio de Janeiro; Leonardo Marcondes Machado, em Santa Catarina; Cleopas Isaías Santos, no Maranhão; os quais juntamente com seus colegas dialogam com a academia e produzem conhecimento técnico-jurídico sobre a investigação criminal.

Portanto, apesar dessa boa pavimentação de temas ligados à investigação criminal, ao longo do tempo, não encontramos obras que buscam ampliar o estudo da matéria, que transcendam o saber técnico e jurídico – o *como* – mas que ensaie uma sistematização que abranja questões epistemológicas, que enfrente as ideias básicas sobre conceito, objeto, método, tipos, funções, princípios e elementos históricos da investigação criminal.

Apesar da investigação criminal cuidar de fenômenos, ou seja, seu objeto se originar de coisas ordinárias do mundo, de questões práticas do cotidiano da vida social, sobre os quais demandam soluções emergentes de raz**ões** práticas arranjadas entre os recursos disponíveis em dado momento, seu estudo requer aprofundamento no aspecto científico uma vez que convoca saberes hauridos em outros ramos das ciências naturais, biológicas e humanas, mas, para além disso, também possui um corpo de conhecimento próprio, as vezes esparsos e assistemáticos, como buscaremos demonstrar ao longo da obra.

Entendemos que para debruçar sobre a investigação criminal, com objetivo de conhecê-la melhor pelo destrinçamento do objeto, do método e de questões correlatas, é necessário considerar o pressuposto que temos de conhecer também como são praticados os crimes, os mecanismos causais do fenômeno, razão pela qual defendemos uma ampliação cognitiva para a investigação criminal, resgatando sua vertente criminológica dos tempos de sua função no século XIX, principalmente agora com os contributos teóricos e pragmáticos derivados da emergência da criminalidade complexa, com todas suas consequências para as questões axiológicas que daí se originam.

Adotando como pano de fundo o enfoque semiótico para a estrutura deste breve ensaio, apresentando construtos *semânticos* sobre a investigação criminal, ou seja, sua substância, o sentido que lhe é dado, mas sua análise perpassa os estudos *pragmáticos* que guardam correlação com o núcleo duro da matéria, que por sua vez permite uma compreensão *sintática* da mesma, ou seja, sua organização interna, sem se desviar do inafastável saber jurídico-penal.

Nossa análise dialoga com métodos descritivo, explicativo e analítico da investigação criminal, mas, também, oferece um estudo exploratório amplo quando dialoga com *diversos* autores que manejam estudos investigativos, em diversos ramos científicos, que convidam o leitor a aprofundar o tema. Com esta estrutura, não pretendemos examinar a fundo **a análise crítico-axiológica sobre investigação criminal, apenas lançamos algumas proposições críticas para reflexão do leitor. Fica anotado, então, este e outros** *disclaimers* implícitos nesta apresentação.

Ao longo da obra o criminalista encontrará respostas para muitos temas sobre a investigação criminal, inclusive, traz reflexões se a investigação criminal é uma ciência, uma arte, uma técnica, se é aprendida na prática, se é um campo de estudo teórico, sua importância social, se há preceitos deontológicos próprios, se é permeável à ideologia etc. Neste breve ensaio, o operador criminalístico, assim como o estudioso da investigação criminal, encontrarão noções propedêuticas que serão valiosas para a compreensão de temas específicos da matéria, nos seus diversos ramos.

Optamos pelo termo *criminalista* para nos referirmos ao sujeito investigante, por exprimir desde o especialista representado pelo delegado de polícia – com os investigadores policiais, agentes de polícia –, passando pelo praticante, partidário, amante, estudioso, acadêmico da matéria criminal. De forma similar, ao longo do texto o leitor deparar-se-á também com os termos investigador e operador da investigação, com o mesmo sentido.

Com este ensaio teórico, que não ignora a dimensão aplicada da matéria, pretendemos apresentar contributos sistematizados sobre a investigação criminal, geralmente não encontrados nas produções bibliográficas nacional e estrangeiras, e nem na própria academia policial. Não pretendemos esgotar o tema, mas como em uma primeira caminhada, tivemos de fazer opções de caminho a seguir, delimitando o itinerário com suas curvas, obstáculos, tipos de terreno etc., mas, principalmente, descobrindo, ampliando e ligando novos caminhos, sem se afastar da estratégia tradicional que segue a estrutura científica, com abordagem de seus componentes: conceito, objeto, método, tipos, função etc.

Certamente, outras contribuições virão, seja para aprofundar o tema, ou para aperfeiçoá-lo, rebatê-lo, complementá-lo etc. Com isso, todos nós estaremos contribuindo para a construção do conhecimento investigativo criminal, e qualificando a matéria!

PREFÁCIO

A notícia de que o autor, Célio Jacinto dos Santos, publicaria a síntese de seus estudos sobre investigação criminal, em um livro sistematizado, encheu-me de alegria, sobretudo ao saber que lhe daria o nome de "Teoria da Investigação Criminal", reafirmando a disciplina que nosso professor comum, Doutor Manuel Monteiro Guedes Valente, havia cunhado em Portugal, há mais de 20 anos, e eu mesmo adotei há quase 10 anos como título de meu primeiro livro, no qual tentava chamar a atenção da comunidade jurídica e policial acerca da questão epistemológica dessa atividade que hoje considero cada vez mais o "nó górdio" do processo penal. E por isso, honra-me fazer-lhe este prefácio que escrevo com grande entusiasmo que espero transmitir ao leitor que me compreenda as razões a seguir.

Primeiro, porque se trata de obra que se arrisca na discussão teórica, sob sua perspectiva mais complexa, a epistemológica, acerca da qual pouco se encontra mesmo fora do Brasil, e quase nada por aqui. Mas o autor soube acercar-se das melhores fontes, ao basear-se em John Dewey e Susan Haack, bem como Michele Taruffo, Jordi Ferrer Beltrán e Marina Gascón Abellán, adotando ainda uma perspectiva semiótica, a partir de C. S. Peirce, segundo os estudos de Umberto Eco e Thomas Sebeok, dos quais muito adequadamente colhe os preceitos fundamentais da *lógica abdutiva*, para explicar o essencial da lógica da investigação, embora não ignore o que há também de indutivo, dedutivo, analógico e dialético nos métodos da investigação.

Ademais, mesmo descendo aos fundamentos lógicos, o autor não descuida da perspectiva jurídica da metodologia da investigação criminal. Valendo-se de estudos preliminares com que já havia enfrentado os problemas jurídicos da investigação, em sua dissertação de mestrado que defendeu no Instituto Superior de Ciências Policiais e Segurança Interna (Portugal), o autor consegue agora estabelecer o diálogo necessário entre as perspectivas científica e jurídica que se projetam no cotidiano técnico da atividade investigativa, a nos exigir uma compreensão completa dos seus diversos princípios, a que muito devidamente dedica um capítulo no qual distingue os de natureza lógica, técnica e jurídica.

Trata-se, nitidamente, de obra de maturidade com que o autor conclui um ciclo de estudos dedicados à investigação criminal, que apreende de sua longa carreira prática, como Delegado de Polícia (Civil e Federal) e acadêmica, como Coordenador da Escola Superior de Polícia, ao que se segue seu mestrado (Criminologia e Investigação), mas também de artigos e ensaios publicados posteriormente, bem como, sobretudo, de curso que desenvolveu sobre a teoria em seu *Centro de Estudos de Investigação Criminal* (www.ceicrim.com.br). Assim, esta Teoria da Investigação Criminal que se publica cumpre a difícil tarefa de estabelecer o diálogo epistemológico entre ciência e direito, na análise detalhada da atividade técnico-processual, sem perder de vista o espaço mais amplo em que se desenvolve no interesse do sistema jurídico-penal como disciplina que congrega os saberes das ciências criminais (direito penal, criminologia e política criminal).

Espero, portanto, que o entusiasmo de que fui tomado pela leitura deste livro abrace o leitor e lhe possa abrir os olhos para a importância do fatos de que trata a norma penal, bem como para a função essencial à justiça que se cumpre pela investigação criminal.

Curitiba, agosto de 2019

Eliomar da Silva Pereira

Doutor em Direito, Professor do Programa de Pós-Graduação da Escola Superior de Polícia, Delegado de Policia Federal

1
ORIGEM DA INVESTIGAÇÃO CRIMINAL

1.1 Origem da investigação criminal no mundo

> "[....] quaisquer que sejam os passos, quaisquer objetos tocados por ele, o que quer que seja que ele deixe, mesmo que inconscientemente, servirá como uma testemunha silenciosa contra ele. Não apenas as suas pegadas ou dedadas, mas o seu cabelo, as fibras das suas calças, os vidros que ele porventura parta, a marca da ferramenta que ele deixe, a tinta que ele arranhe, o sangue ou sêmen que deixe. Tudo isto, e muito mais, carrega um testemunho contra ele." (Edmond Locard)

A investigação criminal é fruto do desenvolvimento histórico, assim como outras disciplinas científicas. Hoje assistimos pelos meios de comunicação social as investigações policiais realizadas pela Polícia Federal e Polícia Civil, assim como no âmbito cultural há vigorosa ficção detetivesca, surgindo, então, interesse pela origem histórica da investigação criminal como uma organização especializada que maneja conhecimentos específicos, através de profissionais com cultura própria e que empregam princípios e metodologias distintas de outras áreas.

Desde os tempos mais remotos já havia mecanismos para perseguir os criminosos, quando já encontrávamos no Código de *Hamurabi*, no século XVIII A.C., procedimentos para imposição de castigos, passando pela *Arthasastra* hindu do século IV A.C. e o Código de *Manu* por volta do século II A.C., até chegarmos à Grécia antiga e ao império Romano com as *questiones perpetua* em que o acusador desenvolvia uma investigação e instrução do caso apresentado ao pretor, que acabou evoluindo para a criação da figura do *irenarcha*, do *curiosi* e do *stationari* como responsáveis pela investigação de crimes em ambiente no qual vicejavam naquela época: furtos, roubos, vagabundos, ladrões habituais. Neste período as atividades eram exercidas por órgãos personalizados, não constituíam ainda instituição com corpo permanente e profissional (Fentanes, 1979, p. 25 e 33).

Com o enfraquecimento da *acusatio* do período republicano, quando a investigação e acusação era de natureza popular, ou seja, o cidadão podia perseguir os delitos públicos em nome do povo, surgiu na fase imperial Romana, junto ao *praefectus urbis* - que era considerado magistrado de ordem superior no exercício de funções estatais - os *stationarii* em postos fixos, na cidade de Roma, e os *curiosi* nas províncias que tomavam conhecimentos dos crimes (Maier, p. 287). Fentanes (1979, p. 27 e 33) relata que Roma era dividida bairros sob responsabilidade de um *curator urbis* com apoio dos *denuntiatores* com agentes investigadores e *lictores*. O *curator urbis* corresponderia aos comissários ou aos delegados de polícia dos tempos modernos, segundo o autor.

Curiosi exprime a ideia de investigar, explorar, de se informar, de fazer perguntas e, também, está relacionada à inquisitividade. Deriva do latim *curiosus* e corresponde àquele que é diligente, cuidadoso, inquiridor, assim como *cura* significa cuidado. É uma tendência natural do ser humano ter sede de conhecer a verdade, a natureza e os acontecimentos naturais e humanos, intermediado pelos órgãos do sentido, com destaque para os olhos. O desejo excessivo por conhecer leva à curiosidade, e a sua falta leva ao descaso, descuido ou desinteresse.

Apesar das dúvidas que se possa lançar sobre as funções e níveis de autoridades dos *stationarii*, *curiosi* e *irenarchi*, como assinala Michel Rassat (*apud* Meireles, p. 13), pode-se afirmar que elas exerciam a função de conhecer o crime, incluindo a coleta de provas e a apresentação do caso criminal a outra autoridade, portanto, podem ser consideradas os antepassados mais remotos que se aproximam da atual polícia judiciária, principalmente do delegado de polícia.

No direito germânico antigo do século VII e anteriores, que era de tipo acusatório privado, não havia separação entre a esfera civil e penal, cuja infração caracterizava a quebra da paz (Maier, p. 264). O sistema de vingança e a guerra entre as famílias da vítima e do agressor, evoluiu para sistema típico alemão da composição com a reparação econômica da ofensa perpetrada. Posteriormente foi substituída pelo direito romano-canônico. O processo era público, contraditório e não visava a verdade dos fatos, mas se configurava como meio de luta entre as partes com atos sacramentais, juramentos e duelos.

No século XIII, o Papa Inocêncio adotou a investigação inquisitiva, recebendo influência e influenciando a justiça secular, inclusive criando as devassas para crimes ocultos ainda não descobertos (Almeida Junior, p. 248).

Entretanto, foi nos séculos XVIII e XIX que surgiram pequenos corpos especializados de investigadores na França e na Inglaterra, como fruto da efervescência social, econômica e política daquela época, devido à Revolução Industrial e à Revolução Francesa, com aumento da urbanização e crescimento da população nas grandes cidades, o aparecimento de uma burguesia e de grande contingente de trabalhadores industriais e urbanos, gerando uma quantidade enorme de desordeiros, ladrões, assaltantes, golpistas, grevistas, sabotadores e assassinos, lançando-se as bases para a formação institucional da polícia e dos saberes investigativos, ante a incapacidade do Exército e de corpos policiais uniformizados e ostensivos de reprimirem as quadrilhas disseminadas nas cidade e no campo.

Joseph Fouché (1758-1820), ministro da polícia bonapartista francesa, através da *Gendarmerie* iniciou atividade de catalogação de criminosos presos e também de vigilância política. A *Gendarmerie* era uma força policial centralizada que se desprendeu do Exército, uma vez que este não estava habilitado a lidar com o novo fenômeno da criminalidade de massa e política.

Neste contexto sucedeu a criação da *Sûreté*, em 1812, inicialmente dirigida pelo lendário Eugène-François Vidocq (1775-1857) que organizou um sistema de registro e arquivo de informações em fichas e passou a empregar técnicas específicas para identificar e localizar criminosos, como a infiltração no ambiente criminoso, o emprego de informantes, o uso de informações registradas, organizadas e arquivadas para reconhecimento de criminosos. Vidocq é considerado o primeiro investigador criminal que criou o primeiro órgão de polícia investigativa moderna, e é reconhecido pelo sucesso na prisão de criminosos e arrefecimento da criminalidade em Paris. A *Sûreté* instalou-se na casa 6, em 1812, na ilha de *Cité*, junto a igreja gótica de *Saint-Chapelle*, inicialmente com 4 homens, evoluindo para 12 em 1817, dando origem à Polícia Judiciária francesa.

Na Inglaterra foi sistematizado um corpo policial local e descentralizado, consolidado com a Polícia Metropolitana de Londres em 28 de junho de 1829, mas, já em 1750, o juiz de paz Henry Fielding, de *Bow Street*, cria o *Bow Street Runners* para combater a criminalidade que alastrava em Londres. Inicialmente eram 6 homens não uniformizados, que agiam em segredo e eram remunerados por prêmios recebidos de trabalhos executados, até que em 1758 John Fielding, irmão de Henry, assume o juizado de *Bow Street*, quando veio a constituir uma força regular reconhecida oficialmente e com remuneração dos detetives, mas que foi absorvida pela *Scotland Yard*, em 1843, na Seção de Investigação Criminal. John Fielding era cego, além de organizador dos *Bow Street Runners*, também era criminalista genial, selecionou e instruiu os detetives e organizou boletins de informações policiais que auxiliavam no esclarecimento de crimes, e chegou a chefiar os detetives de 1754 a 1779. Foi considerado o primeiro criminalista da história da polícia investigativa e os *Bow Street Runners* foi a primeira brigada de investigadores do mundo.

No final do século XVIII e no início do século XIX os detetives se tornaram célebres com o esclarecimento de casos criminais, inspirando a ficção e a literatura detetivesca e surgindo grandes obras como *Zadig* (1747) de Voltaire, *Bleak House* (1850) de Charles Dickens, *Moicanos* de Paris (1854) de Alejandro Dumas, e outros autores como Edgar Allan Poe, Émile Gaboriau e Arthur Conan Doyle com seu célebre personagem Sherlock Holmes.

Nesta mesma época Charles Sanders Peirce (1839-1914) desenvolveu o método abdutivo de inferência, que trabalha com a formulação de hipóteses explanatórias, uma verdadeira *teoria geral da investigação* que subsidia o trabalho dos investigadores policiais e, também, é largamente empregado nos estudos dos contos policiais.

No século XVIII, também floresceram diversos ramos científicos, como a astronomia, que evoluiu da astrologia; a alquimia progrediu para a química; a fisiognomonia para a antropologia física; o método morelliano de descoberta de pinturas falsas; a psicanálise de Sigmund Freud, ao observar os dados pouco notados ou os refugos; e a medicina que adotou o paradigma semiótico ou indiciário, além da historiografia, que também investiga fato individual do passado, assim como a investigação criminal e outras ciências.

Neste contexto de desenvolvimento das ciências, houve desenvolvimento de técnicas e instrumentos voltados para o esclarecimento de crimes. Destaca-se o médico francês Jean Alexandre Eugêne Lacassagne (1843-1924), que estudou as manchas de sangue e as marcas em projéteis, o ambiente social como produtor de crime, assim como Lombroso, cujas teorias que compunham a escola positivista foram rechaçadas posteriormente. Destaca-se, nos primórdios, os trabalhos de Alphonse Bertillon (1853-1914), considerado o pai da polícia técnica, que desenvolveu a antropometria, ou seja, as medidas do indivíduo que permitia sua individualização, mas que depois foi superada pela datiloscopia e pela fotografia.

Outra descoberta fundamental para a investigação criminal foi o trabalho de William Herschel (1833-1917) e Henry Faulds (1843-1930) sobre as linhas das impressões digitais do dedo, seguidos por Francis Gaulton (1822-1911) e Juan Vucetich (1850-1925), empregada por esse com sucesso em 1891, em *La Plata*, na Argentina.

Fundamentais foram os contributos vindos da medicina legal e dos laboratórios, com a análise de sangue pelos toxicologistas, a patologia, a psiquiatria, a microbiologia, assim como a física e a química, que acabaram permitindo o desenvolvimento da balística com Lacassagne (1889), Calvin Goddard (1891-1955) e Philip Gravelle (1891-1945), culminando na criação do microscópio comparativo balístico, em 1925.

Esses contributos ofereceram métodos inovadores para identificar pessoas, analisar indícios e imputar crimes até então desconhecidos aos seus autores, os quais evoluíram para a espectrometria, a análise radioativa, a microbiologia, a microscopia na balística e na grafologia, os raios ultravioletas e infravermelhos na falsificação de documentos. Todos estes instrumentos técnico-científicos acabaram sendo incorporados e usados nos laboratórios policiais, como o laboratório policial de Lyon, em 1910, na França, criado por Edmond Locard (1877-1966), e no laboratório do FBI, e passaram a auxiliar a polícia na análise de vestígios e indícios, possibilitando o esclarecimento de crimes com informações fidedignas pela polícia judiciária, superando os métodos arcaicos de investigação como àqueles baseados apenas na pesquisa do criminoso, na confissão e, também, englobava a tortura.

Mas a referência histórica mais marcante da investigação criminal foi o austríaco Hans Gross (1847-1915), o juiz de instrução, professor e pesquisador que estudou a fundo todo material sobre o tema, até então divergente entre si, e chegou a incorporar as técnicas existentes, e, portanto, delimitou e sistematizou a investigação criminal na obra *Manual para Juízes de Instrução*, cuja primeira edição foi lançada em 1893 e foi reeditada 8 vezes, a última em 1951. Sendo assim, é considerado o pai da Ciência da Investigação Criminal, esta vista como sinônimo de criminalística.

Dentre o núcleo próprio de saberes foi desenvolvido o princípio da correspondência, o princípio da troca ou transferência, baseados em estudos etnometodológicos, de cariz qualitativo, consistentes na investigação detalhada dos fatos mediante a observação minuciosa de coisas e pessoas, a compreender o estudo da forma através do contraste, da continuidade, de interconexões externas ou internas. Também, vetustos institutos da investigação criminal continuam oferecendo capacidade heurística para a elucidação de crimes e coleta de provas, com destaque para indícios, rastros, vestígios, corpo do delito e os meios de obtenção de provas, seja para a criminalidade ordinária ou para a criminalidade organizada.

Conclui-se que a investigação criminal é uma disciplina científica autônoma que emprega saberes e técnicas para descoberta e definição de delitos, com estrita observância dos limites e formas jurídicas aplicáveis ao processo investigativo, e é auxiliada por outras disciplinas, mas possui um núcleo próprio de saberes, os quais surgiram e foram desenvolvidos nos séculos XVIII e XIX, assim como as organizações e profissionais que passaram a manejar os conhecimentos técnico-científicos que floresceram naquela época, cujo produto subsidia a aplicação da lei pela justiça criminal. Os saberes e técnicas desenvolvidos expandiram-se para a Europa, os países das Américas do Sul e do Norte e mundo afora.

1.2 Origem remota da investigação criminal no Brasil

Os primórdios da investigação criminal no Brasil se confundem com o surgimento da função policial civil e a polícia judiciária. Também, está associada ao surgimento de diversas instituições e ramos científicos no final do século XVIII e no século XIX, como assinalado acima, mas também está associada ao início da complexificação das relações sociais nesta época, a exigir a formação de uma instituição especializada na investigação de crimes e a responsabilização de culpados.

No Brasil colônia, na vigência das Ordenações Filipinas, a apuração de crimes e a formação da culpa eram executadas pelos juízes, corregedores e pelos juízes de fora, auxiliados pelos alcaides.

Com o Alvará de 1760, foi criado o cargo de Intendente Geral de Polícia da Corte e do Reino, ao qual foi atribuída a incumbência de formação da culpa dos criminosos, cumulativamente aos juízes, com preponderância daquele. Contudo, somente com a vinda da família real para o Brasil, em 1808, foi criada a Intendência Geral de Polícia da Corte e do Estado do Brasil.

Após a independência, mais especificamente em 1827, foi criado o cargo de juiz de paz, que assumiu a função de promover a formação da culpa e o julgamento criminal. O Código de Processo Criminal, de 1832, manteve a atribuição de polícia judiciária do juiz de paz, mas na reforma promovida pela Lei de 3 de dezembro de 1841, as funções apuratórias retornaram às mãos da polícia judiciária, que as exercia por meio do Chefe de Polícia, delegados e subdelegados, permanecendo assim até hoje.

Eusébio de Queiroz – filho de magistrado e ministro do Supremo Tribunal de Justiça – assumiu em 1833 o recém criado cargo de Chefia de Polícia da cidade do Rio de Janeiro, com apenas 20 anos, permanecendo até 1844, sendo que em 1848 ocupou o Ministério da Justiça, também foi deputado federal (1842) e senador pela província do Rio de Janeiro (1854), mas também se destacou pela Lei Eusébio de Queiróz que extinguia o tráfico negreiro no Brasil e declarava pirataria o tráfico transatlântico de escravos, em 1850 (Holloway, 1977, p. 105).

Como chefe de polícia, Eusébio de Queiróz estruturou a Secretaria de Polícia, herdada da extinta Intendência-Geral de Polícia, e implementou política centralizadora da atividade policial civil, com proeminência sobre os juízes de paz, apesar destes serem eleitos e integrarem o Poder Judiciário. A Secretaria de Polícia foi o embrião da Polícia Civil e Eusébio de Queiroz é considerado o principal agente formador da

Polícia Civil e dos procedimentos policiais, assim como Luiz Alves de Lima e Silva é lembrado como organizador da Polícia Militar, no mesmo período.

O período regencial foi marcado por avanço liberal que defendia descentralização do poder e maior democracia, mas, em virtude das convulsões sociais que se disseminaram pelo país e o fracasso da figura do juiz de paz, do Código de Processo Criminal de 1832, criou-se ambiente favorável ao regresso conservador que via na centralização a possibilidade de restabelecimento da ordem e garantia da unidade nacional.

O processo centralizador iniciado por Eusébio de Queiróz no âmbito policial-judiciário, foi reforçado com a reforma do Código de Processo Criminal introduzida pela Lei nº 261, de 3 de dezembro de 1841, sob a batuta de conservadores, consolidando a concentração da autoridade no chefe de polícia e principalmente pela conferência de poderes judiciais ao chefe de polícia, aos delegados e aos subdelegados.

Os artigos 1º ao 12º da Lei nº 261 tratavam da criação, nomeação e funções da nova estrutura policial. O artigo 1º estabeleceu:

> *Haverá no município da corte, e em cada província um chefe de polícia, com os delegados e subdelegados necessários, os quais, sobre proposta, serão nomeados pelo imperador, ou pelos presidentes. Todas as autoridades policiais são subordinadas ao chefe da polícia.*

Por sua vez o artigo 4º transferiu todas as atribuições do juiz de paz ao chefe de polícia e aos delegados, na seguinte forma:

> *Aos chefes de polícia em toda a província e na corte, e aos seus delegados nos respectivos distritos compete:*
>
> *§ 1º As atribuições conferidas aos juízes de paz pelo art. 12 §§ 1º, 2º, 3º, 4º, 5º e 7º do Código do Processo Criminal.*

Pelas novas disposições da Lei nº 261 ficou o chefe de polícia, o delegado e o subdelegado responsáveis pela investigação, prisão e julgamento dos autores de pequenos crimes e das posturas municipais, expedição de mandado de busca, prevenção de delitos, concessão de fiança, fiscalização do cumprimento de pena, formação da culpa dos investigador, procedimento do corpo de delito e emissão de termo de bem viver.

Eusébio de Queiroz, já empregava naquela época sistema de recompensas pecuniárias para incentivar os particulares a delatarem crimes e auxiliar na repressão criminal, mediante a contratação de delatores, informantes e espiões (Holloway, 1977, p. 161).

Em 1871, com a Lei nº 2.033 e o Regulamento nº 4.824/1871, que integravam a reforma do Código de Processo Criminal imperial de 1832, o sistema de investigação criminal foi consolidado e as funções judiciais deixaram de ser exercidas pela polícia judiciária, restando bem delimitada a função investigativa no art. 42 do referido decreto:

> *O inquérito policial consiste em todas as diligências necessárias para o descobrimento dos fatos criminosos, de suas circunstâncias e dos seus autores e cúmplices; deve ser reduzido a instrumento escrito, observando o seguinte.*

Com o surgimento e evolução da investigação criminal, também surgiu organização especializada para administrar a função investigativa, representada pela Polícia Judiciária. Do mesmo modo, foi sedimentada a legislação correspondente, criando procedimentos próprios para a matéria.

1.3 Descobertas históricas e evolução da investigação criminal

Podemos encontrar, no passado remoto da história, fatos que indicam atividades investigativas, como assinalamos acima (tópico 1.1). Encontramos referências sobre investigação em textos bíblicos, inclusive nas obras de Heródoto haveria referência à investigação de crimes (Harrowitz, 2014 p. 200). No mesmo sentido foi o paradigma indiciário descrito por Carlos Ginzburg, que será exposto no Capítulo 2 (tópico 2.14). Contudo, foi no século XIX que surgiram descobertas que dinamizaram a investigação criminal, chegando a ser sistematizado um conjunto de instrumental teórico, procedimental e tecnológico que a situa como um ramo específico do saber.

Na esteira do surgimento da criminalística (investigação criminal), também ela passou a ser incorporada na cultura da época, com aparecimento de novelas detetivescas, desde a obra *Zadig* de Voltaire, em 1747, passando por Edgar Allan Poe com *Os crimes da Rua Morgue*, em 1841, chegando a um franco desenvolvimento da literatura detetivesca com o personagem Sherlock Holmes de Arthur Conan Doyle.

A evolução da investigação criminal pode ser notada no surgimento de métodos investigativos que marcaram sua história, desde os estudos sobre marca de sangue, balística, antropometria, datiloscopia, fotografia, microscópio etc. Da mesma forma a legislação também evoluía. Algumas descobertas constituem construções nascidas, ou desenvolvidas, no bojo da investigação criminal como a antropometria de Bertillon, a datiloscopia de Vucetich, a balística, que se serviram das projeções dos estudos sobre os princípios da correspondência e transferência. A evolução foi bastante significativa em virtude dos métodos de identificação de pessoas, necessários para individualizar suspeitos em crimes.

Vejamos uma linha do tempo da evolução da investigação policial, associada às descobertas tecno-científicas[1], com destaques paras descobertas provenientes da química e da medicina:

---

1 Essa evolução técnico-científica é atribuída a Norah Rudin e Keith Inman, foi extraída da página da internet disponível em http://www.forensicdna.com/timeline.html, acessada em 24.08.2018. Entretanto, evolução similar pode ser encontrada em diversas obras, como: CARVALHO DOREA, Luiz Eduardo. STUMVOLL, Victor Paulo. QUINTELA, Victor. *Criminalística*. 4 ed. Campinas: Millennium, 2010. CIOATO, Ana Paula. AGOSTINI, Gustavo. A teoria de Locard e o reconhecimento de evidências: a perícia a serviço da persecução penal. *In: Ciências Forenses ao alcance de todos*. Gustavo Agostini (Org.). Wilson S. de Azevedo Filho Rute. T. da Silva Ribeiro (Coords.). Coleção Perito Criminal. São Paulo: Perse, 2017.

— Evidência de impressões digitais em pinturas antigas e gravuras rupestres de humanos pré-históricos

700 Os chineses usaram impressões digitais para estabelecer a identidade de documentos e escultura de argila, mas sem nenhum sistema formal de classificação.

1000 Quintilian, um advogado nos tribunais romanos, mostrou que impressões de mãos ensangüentadas foram feitas para enquadrar um homem cego do assassinato de sua mãe.

1248 Um livro chinês, *Hsi Duan Yu*, contém uma descrição de como distinguir o afogamento do estrangulamento. Esta foi a primeira aplicação registrada do conhecimento médico à solução do crime.

1609 O primeiro tratado sobre o exame sistemático de documentos foi publicado por François Demelle, na França

1686 Marcello Malpighi, professor de anatomia na Universidade de Bolonha, observou as características das impressões digitais. No entanto, ele não mencionou seu valor como uma ferramenta para identificação individual.

1784 Em Lancaster, na Inglaterra, John Toms foi condenado por assassinato com base na borda rasgada do jornal em uma pistola combinando com uma peça remanescente no bolso. Este foi um dos primeiros usos documentados de correspondência física.

1800 Thomas Bewick, um naturalista inglês, usou gravuras de suas próprias impressões digitais para identificar os livros que publicou.

1810 Eugène François Vidocq, em troca de uma suspensão de prisão e uma sentença de prisão, fez um acordo com a polícia para estabelecer a primeira força de detetives, a Sûreté de Paris.

1810 O primeiro uso registrado de análise de documentos ocorreu na Alemanha. Um teste químico para um determinado corante de tinta foi aplicado a um documento conhecido como *Konigin Hanschritt*.

1813 Mathiew Orfila, um espanhol que se tornou professor de química medicinal/forense na Universidade de Paris, publicou *Traité des Poisons Tires des Regnes Mineral, Vegetal et Animal, ou Toxicologie General l.* Orfila é considerado o pai da toxicologia moderna. Ele também fez contribuições significativas para o desenvolvimento de testes, para a presença de sangue em um contexto forense e é creditado como o primeiro a tentar o uso de um microscópio na avaliação de manchas de sangue e sêmen.

1823 John Evangelist Purkinji, professor de anatomia na Universidade de Breslau, Checoslováquia, publicou o primeiro artigo sobre a natureza das impressões digitais e sugeriu um sistema de classificação baseado em nove tipos principais. No entanto, ele não conseguiu reconhecer seu potencial de individualização.

1828 William Nichol inventou o microscópio de luz polarizada.

1830 Adolphe Quetelet, um estatístico belga, forneceu a base para o trabalho de Bertillon afirmando sua crença de que não havia dois corpos humanos exatamente iguais.

1831 Leuchs, foi o primeiro a notar a atividade de amilase na saliva humana.

1835 Henry Goddard, um dos *Bow Street Runners* originais da Scotland Yard, usou pela primeira vez a comparação de balas para capturar um assassino. Sua comparação foi baseada em uma falha visível na bala que foi rastreada até um molde.

1836 James Marsh, um químico escocês, foi o primeiro a usar a toxicologia (detecção de arsênico) em um julgamento com júri.

1839 H. Bayard publicou os primeiros procedimentos confiáveis para a detecção microscópica de espermatozóides. Ele também observou as diferentes características microscópicas de diferentes tecidos de substrato.

1851 Jean Servais Stas, professor de química de Bruxelas, na Bélgica, foi o primeiro a identificar com sucesso os venenos vegetais no tecido do corpo.

1853 Ludwig Teichmann, em Cracóvia, Polônia, desenvolveu o primeiro teste de cristal microscópico para hemoglobina, usando cristais de hemin.

1854 Um médico inglês, Maddox, desenvolveu uma fotografia de placa seca, eclipsando a placa úmida de M. Daguerre no método de estanho. Isso tornou prática a fotografia de prisioneiros para registros da prisão.

1856 Sir William Herschel, um oficial britânico que trabalhava para o serviço público indiano, começou a usar impressões digitais em documentos como substitutos de assinaturas escritas para analfabetos e para verificar assinaturas de documentos.

1862 O cientista holandês J. (Izaak) Van Deen desenvolveu um teste presuntivo para o sangue usando guaiaco, um arbusto das índias Ocidentais.

1863 O cientista alemão Schönbein descobriu pela primeira vez a capacidade da hemoglobina de oxidar o peróxido de hidrogênio, tornando-a espumosa. Isso resultou em primeiro teste presuntivo para sangue.

1864 Odelbrecht foi o primeiro que defendeu o uso da fotografia para a identificação de criminosos e a documentação de evidências e de cenas de crimes.

1877 Thomas Taylor, microscopista do Departamento de Agricultura dos Estados Unidos, sugeriu que as marcas das palmas das mãos e das pontas dos dedos poderiam ser usadas para identificação em casos criminais. Embora relatado no *American Journal of Microscopy* e *Popular Science e Scientific American*, a ideia aparentemente nunca foi perseguida por essa fonte.

1879 Rudolph Virchow, um patologista alemão, foi um dos primeiros a estudar cabelos e reconhecer suas limitações.

1880 Henry Faulds, um médico escocês que trabalhava em Tóquio, publicou um artigo na revista *Nature* sugerindo que as impressões digitais na cena de um crime poderiam identificar o agressor. Em um dos primeiros usos registrados de impressões digitais para resolver um crime, Faulds usou impressões digitais para eliminar um suspeito inocente e indicar um criminoso em um assalto em Tóquio.

1882 Gilbert Thompson, construtor ferroviário do Serviço Geológico dos Estados Unidos, no Novo México, colocou sua impressão digital em fichas de salário para se proteger das falsificações.

1883 Alphonse Bertillon, funcionário da polícia francesa, identificou a primeira recidiva baseada em sua invenção da antropometria.

1887 Arthur Conan Doyle publicou a primeira história de Sherlock Holmes na *Beeton's Christimas Annual*, em Londres.

1889 Alexandre Lacassagne, professor de medicina forense na Universidade de Lyon, na França, foi o primeiro a tentar individualizar balas para um cano de arma. Suas comparações na época baseavam-se simplesmente no número de estrias e ranhuras.

1891 Hans Gross, magistrado e professor de direito penal na Universidade de Graz, na Áustria, publicou *Criminal Investigation*, a primeira descrição abrangente dos usos de evidências físicas na solução do crime. A Gross é também, às vezes, creditado o uso da palavra criminalística.

1892 (Sir) Francis Galton publicou *Fingerprints*, o primeiro livro abrangente sobre a natureza das impressões digitais e seu uso na solução do crime.

1892 Juan Vucetich, pesquisador policial argentino, desenvolveu o sistema de classificação de impressões digitais que viria a ser usado na América Latina. Depois que Vucetich implicou uma mãe no assassinato de seus próprios filhos usando suas impressões digitais sangrentas, a Argentina foi o primeiro país a substituir a antropometria por impressões digitais.

1894 Alfred Dreyfus, da França, foi condenado por traição baseado em uma identificação incorreta de caligrafia por Bertillon.

1896 Sir Edward Richard Henry desenvolveu o sistema de classificação de impressão que viria a ser usado na Europa e na América do Norte. Ele publicou *Classificação e Usos de Impressões Digitais*.

1898 Paul Jesrich, um químico forense que trabalhava em Berlim, Alemanha, tirou fotomicrografias de duas balas para comparar e, posteriormente, individualizar as minúcias.

1901 Paul Uhlenhuth, um imunologista alemão, desenvolveu o teste de precipitações para espécies. Ele também foi um dos primeiros a instituir padrões, controles e procedimentos de QA/QC. Wassermann (famoso por desenvolver um teste para a sífilis) e Schütze descobriram e publicaram independentemente o teste precipitado, mas nunca receberam o devido crédito.

1900 Karl Landsteiner descobriu pela primeira vez grupos sanguíneos humanos e recebeu o prêmio Nobel por seu trabalho em 1930. Max Richter adaptou a técnica para manchas. Este é um dos primeiros exemplos a realizar experimentos de validação, especificamente para adaptar um método para a ciência forense. O continuado trabalho de Landsteiner sobre a detecção de sangue, suas espécies e seu tipo formou a base de praticamente todos os trabalhos subsequentes.

1901 Sir Edward Richard Henry foi nomeado chefe da Scotland Yard e forçou a adoção da identificação de impressões digitais para substituir a antropometria.

1901 Henry P. DeForrest foi pioneiro no primeiro uso sistemático de impressões digitais nos Estados Unidos, pela Comissão do Serviço Civil de Nova York.

1902 Professor R. A. Reiss, professor da Universidade de Lausanne, na Suíça, e aluno de Bertillon, criou um dos primeiros currículos acadêmicos em ciência forense. Seu departamento de fotografia forense cresceu no Instituto de Ciências Policiais de Lausanne.

1903 O sistema prisional do estado de Nova York iniciou o primeiro uso sistemático de impressões digitais, nos Estados Unidos, para identificação criminal.

1903 Na Penitenciária Federal de Leavenworth, no Kansas, Will West, um novo detento, foi inicialmente confundido com um condenado residente, William West, usando antropometria. Eles foram mais tarde (1905) encontrados para ser facilmente diferenciados por suas impressões digitais. Para um esclarecimento histórico, consulte http://www.scafo.org/library/10105.htm.

1904 Oskar e Rudolf Adler desenvolveram um teste presuntivo para o sangue baseado na benzidina, um novo produto químico desenvolvido por Merk.

1905 O presidente americano Theodore Roosevelt estabeleceu o *Federal Bureau of Investigation* (FBI).

1910 Victor Balthazard, professor de medicina forense na Sorbonne, com Marcelle Lambert, publicou o primeiro estudo abrangente do cabelo, *Le poil de l'homme et des animaux*. Em um dos primeiros casos envolvendo cabelos, Rosella Rousseau foi convencida a confessar a assassinato de Germaine Bichon.

Balthazard também usou ampliações fotográficas de balas e cartuchos para determinar o tipo de arma e foi um dos primeiros a tentar individualizar uma bala em uma arma.

1910 Edmond Locard, sucessor de Lacassagne como professor de medicina forense na Universidade de Lyon, na França, estabeleceu o primeiro laboratório criminal policial.

1910 Albert S. Osborne, um americano e indiscutivelmente o mais influente examinador de documentos, publicou *Questioned Documents.*

1912 Masaeo Takayama desenvolveu outro teste de cristal microscópico para hemoglobina usando cristais hemocromogênicos.

1913 Victor Balthazard, professor de medicina forense na Sorbonne, publicou o primeiro artigo sobre individualização de marcas de bala.

1915 Leone Lattes, professora do Instituto de Medicina Forense de Turim, Itália, desenvolveu o primeiro teste de anticorpos para grupos sanguíneos ABO. Ele usou pela primeira vez o teste em casos para resolver uma disputa conjugal. Ele publicou *L'Individualità del blood nella biologia, nella clínica, nella medicina, legale*, o primeiro livro que tratava não só de questões clínicas, mas também de hereditariedade, paternidade e tipificação de manchas secas.

1915 Associação Internacional de Identificação Criminal, (para se tornar a Associação Internacional de Identificação (IAI), foi organizada em Oakland, Califórnia.

1916 Albert Schneider, de Berkeley, Califórnia, usou pela primeira vez um aparelho de vácuo para coletar evidências de traços.

1918 Edmond Locard, sugeriu pela primeira vez, 12 pontos correspondentes como uma identificação positiva de impressões digitais.

1904 Locard publicou *L'enquete criminelle e les methodes scientifique*, no qual aparece uma passagem que pode ter dado origem ao preceito criminalístico de que "todo contato deixa vestígios".

1920 Charles E. Waite foi o primeiro a catalogar dados de fabricação sobre armas.

1920 Década, Georg Popp foi pioneiro no uso da identificação botânica no trabalho investigativo.

1920 Década, Luke May, um dos primeiros criminalistas americanos, foi pioneiro na análise de estrias por comparação de marcas de ferramentas, incluindo uma tentativa de validação estatística. Em 1930 ele publicou *The identification of knives, tools and instruments, a positive science,* em *The American Journal of Police Science.*

(1920) Calvin Goddard, com Charles Waite, Phillip O. Gravelle e John H Fisher, aperfeiçoou o microscópio de comparação para uso na comparação de balas.

1921 John Larson e Leonard Keeler projetaram o polígrafo portátil.

1923 Vittorio Siracusa, trabalhando no Instituto de Medicina Legal da Universidade de Messina, na Itália, desenvolveu o teste de eluição por absorção para tipagem sanguínea ABO de manchas. Junto com seu mentor, Lattes também realizou um trabalho significativo sobre a técnica de absorção-inibição.

1923 Em Frye v. United States, os resultados dos testes do polígrafo foram considerados inadmissíveis. A decisão federal introduziu o conceito de aceitação geral e afirmou que os testes de polígrafo não atendiam a esse critério.

1924 August Vollmer, como chefe de polícia em Los Angeles, Califórnia, implementou o primeiro laboratório de crime policial dos EUA.

1925 Saburo Sirai, um cientista japonês, é creditado como o primeiro reconhecer a secreção de antígenos específicos do grupo em outros fluidos corporais, além do sangue.

1926 O caso de Sacco e Vanzetti, realizado em Bridgewater, Massachusetts, foi responsável pela popularização do uso do microscópio para comparação de balas. As conclusões de Calvin Goddard foram confirmadas quando a evidência foi reexaminada em 1961.

1927 Landsteiner e Levine, detectaram pela primeira vez, os fatores sanguíneos M, N e P, levando ao desenvolvimento dos sistemas de tipagem MNS e P.

1928 Meüller foi o primeiro investigador médico-legal a sugerir a identificação de amilase salivar como um teste presuntivo para manchas salivares.

1929 K. I. Yosida, um cientista japonês, conduziu a primeira investigação abrangente estabelecendo a existência de isoanticorpos sorológicos em fluidos corporais além do sangue.

1929 O trabalho de Calvin Goddard sobre o massacre de *São Valentim* levou à fundação do Laboratório de Detecção Criminal Científica no campus da Northwestern University, em Evanston, Illinois.

1930 O *American Journal of Police Science* foi fundado e publicado pela equipe do Laboratório Goddard de Detecção de Crimes Científicos, em Chicago. Em 1932, foi absorvido pelo *Journal of Criminal Law e Criminology*, tornando-se o *Journal of Criminal Law, Criminology and Police Science*.

1931 Franz Josef Holzer, um cientista austríaco que trabalhava no Instituto de Medicina Forense da Universidade de Innsbruck, desenvolveu a técnica de tipagem ABO de inibição por absorção que se tornou a base daquela comumente usada em laboratórios. Foi baseado no trabalho anterior de Siracusa e Lattes.

1932 O laboratório criminal do FBI (Federal Bureau of Investigation) foi criado.

1935 Frits Zernike, um físico holandês, inventou o primeiro microscópio de contraste de interferência, um microscópio de contraste de fase, uma conquista pela qual ganhou o prêmio Nobel em 1953.

1937 Holzer publicou o primeiro artigo abordando a utilidade do status secretor para aplicações forenses.

1937 Walter Specht, no Instituto Universitário de Medicina Legal e Criminalística Científica em Jena, na Alemanha, desenvolveu o reagente quimioluminescente luminol como um teste presuntivo para o sangue.

1937 Paul Kirk assumiu a liderança do programa de criminologia na Universidade da Califórnia em Berkeley. Em 1945, ele formalizou uma especialização em criminologia técnica.

1938 M. Polonovski e M. Jayle identificaram a haptoglobina pela primeira vez.

1940 Landsteiner e A.S. Wiener, descreveu pela primeira vez, os grupos sanguíneos Rh.

1940 Vincent Hnizda, químico da Ethyl Corporation, foi provavelmente o primeiro a analisar fluidos inflamáveis. Ele usou um aparelho de destilação a vácuo.

1941 Murray Hill, da Bell Labs, iniciou o estudo da identificação de voz. A técnica foi refinada por L.G. Kersta

1945 Frank Lundquist, trabalhando na Unidade de Medicina Legal da Universidade de Copenhague, desenvolveu o teste da fosfatase ácida para o sêmen.

1946 Mourant descreveu pela primeira vez o sistema de grupos sanguíneos de Lewis.

1946 R.R. Race, descreveu pela primeira vez, o sistema de grupo sanguíneo Kell.

1950 M. Cutbush e colegas, descreveram pela primeira vez, o sistema de grupo sanguíneo Duffy.

1950 August Vollmer, chefe de polícia de Berkeley, Califórnia, estabeleceu a escola de criminologia na Universidade da Califórnia em Berkeley. Paul Kirk presidiu a maior parte da criminalística dentro da escola.

1950 Max Frei-Sulzer, fundador do primeiro laboratório de criminalística suíço, desenvolveu o método de coleta de fita adesiva para coletar vestígios de evidências.

1950 A Academia Americana de Ciência Forense (AAFS) foi formada em Chicago, Illinois. O grupo também começou a publicação do *Journal of Forensic Science* (JFS).

1951 F. H. Allen e colegas, descreveram pela primeira vez, o sistema de grupo sanguíneo Kidd.

1953 Kirk publicou *Crime Investigation*, um dos primeiros textos abrangentes de criminalística e investigação criminal que abrangiam a teoria além da prática.

195 R. F. Borkenstein, capitão da polícia do estado de Indiana, inventou o bafômetro para testes de sobriedade.

1958 A. S. Weiner e colegas introduziram o uso de H-lectina para determinar positivamente o tipo sanguíneo.

1959 Hirshfeld identificou a natureza polimórfica do componente específico do grupo (Gc).

1960 Lucas, no Canadá, descreveu a aplicação da cromatografia gasosa (GC) na identificação de produtos petrolíferos no laboratório criminal, e discutiu potenciais limitações na identidade da marca da gasolina.

Anos 60 Maurice Muller, um cientista suíço, adaptou o teste de difusão anticorpo-antígeno de Ouchterlony para testes de precipitações para determinar espécies.

1963 D.A. Hopkinson e seus colegas, identificaram pela primeira vez, a natureza polimórfica da fosfatase ácida eritrocitária (EAP).

1964 N. Spencer e seus colegas, identificaram pela primeira vez, a natureza polimórfica da fosfoglucomutase de células vermelhas (PGM).

1966 R. A. Fildes e H. Harris, identificaram pela primeira vez, a natureza polimórfica da adenilato ciclase dos glóbulos vermelhos (AK).

1966 Brian J. Culliford e Brian Wraxall desenvolveram a técnica imunoeletroforética para tipagem de haptoglobina em manchas de sangue.

1967 Culliford, do Laboratório Britânico da Polícia Metropolitana, iniciou o desenvolvimento de métodos baseados em gel para testar isoenzimas em manchas de sangue secas. Ele também foi fundamental no desenvolvimento e disseminação de métodos para testar proteínas e isoenzimas no sangue e em outros fluidos corporais e secreções.

1968 Spencer e seus colegas identificaram, pela primeira vez, a natureza polimórfica da adenosina desaminase (ADA) das hemácias.

1971 Culliford publicou o "Exame e Digitação de Manchas de Sangue no Laboratório Criminal", geralmente aceito como responsável por disseminar protocolos confiáveis para a tipificação de marcadores polimórficos de proteínas e enzimas nos Estados Unidos e no mundo.

1973 Hopkinson e colegas, identificaram pela primeira vez, a natureza polimórfica da esterase D (ESD).

1974 A detecção de resíduo de pólvora (GSR) usando microscopia eletrônica de varredura com raios X dispersivos de elétrons (SEMEDX), foi desenvolvida por J. E. Wessel, P.J. Jones, Q.Y.Kwan, R. S.Nesbitt e E.J. Rattin na Aerospace Corporation.

1975 J. Kompf e colegas, trabalhando na Alemanha, foram os primeiros que identificaram a natureza polimórfica da glioxilase de glóbulos vermelhos (GLO).

1975 As Regras Federais de Evidência, originalmente promulgadas pela Suprema Corte dos EUA, foram promulgadas como um estatuto do Congresso. Eles são baseados no padrão de relevância em que evidências científicas que são consideradas mais prejudiciais do que probatórias, podem não ser admitidas.

1976 Zoro e Hadley, no Reino Unido, avaliaram a GC-MS pela primeira vez para fins forenses.

1977 Fuseo Matsumur, um examinador de evidências no Laboratório de Crimes da Prefeitura de Saga, da Agência Nacional de Polícia do Japão, nota que suas próprias impressões digitais se desenvolvem em lâminas de microscópio enquanto montam os cabelos de um caso de assassinato de motorista de táxi. Ele relaciona as informações ao colega Masato Soba, um examinador de impressões latentes. Soba seria mais tarde naquele ano o primeiro a desenvolver impressões latentes intencionalmente por "Superglue" fumegante.

1977 O *Fourier Transform Infrared Spectrophotometer* (FTIR) é adaptado para uso no laboratório forense.

1977 O FBI introduziu o início de seu *Automated Fingerprint Identification System* (AFIS) com as primeiras digitalizações computadorizadas de impressões digitais.

1978 Brian Wraxall e Mark Stolorow desenvolveram o método "multissistema" para testar os sistemas de isoenzima PGM, ESD e GLO simultaneamente. Eles também desenvolveram métodos para tipagem de proteínas do soro do sangue, como haptoglobina e Gc.

1984 (Sir) Alec Jeffreys desenvolveu o primeiro teste de perfil de DNA. Envolveu a detecção de um padrão RFLP multilocus. Ele publicou suas descobertas na *Nature* em 1985.

1986 No primeiro uso do DNA para resolver um crime, Jeffreys usou o perfil de DNA para identificar Colin Pitchfork como o assassino de duas meninas na região inglesa de Midlands. Significativamente, no curso da investigação, o DNA foi usado, pela primeira vez, para exonerar um suspeito inocente.

1983 A reação em cadeia da polimerase (PCR) foi concebida, pela primeira vez por Kerry Mullis, enquanto trabalhava na Cetus Corporation. O primeiro artigo sobre a técnica não foi publicado até 1985.

1986 O grupo de genética humana da Cetus Corporation, liderado por Henry Erlich, desenvolveu a técnica de PCR para várias aplicações clínicas e forenses. Isto resultou no desenvolvimento do primeiro kit de tipagem de PCR comercial especificamente para uso forense, HLA DQα (DQA1), cerca de 2 anos mais tarde.

1986 Em People v. Pestinikas, Edward Blake, usou pela primeira vez, o teste de DNA baseado em PCR (HLA DQα), para confirmar que diferentes amostras de autópsia fossem da mesma pessoa. A prova foi aceita por um tribunal civil. Este foi também o primeiro uso de qualquer tipo de teste de DNA nos Estados Unidos

1987 O perfil de DNA foi introduzido, pela primeira vez, em um tribunal criminal dos EUA. Com base na análise de RFLP realizada pela *Lifecodes*, Tommy Lee Andrews foi condenado por uma série de agressões sexuais em Orlando, Flórida.

1987 New York v. Castro foi o primeiro caso em que a admissibilidade do DNA foi seriamente contestada. Ele iniciou uma série de eventos que culminaram em uma chamada para as diretrizes de certificação, credenciamento, padronização e controle de qualidade para os laboratórios de DNA e para a comunidade forense geral.

1988 Lewellen, McCurdy e Horton, e Asselin, Leslie e McKinley publicam trabalhos importantes introduzindo um novo procedimento para a análise de drogas no sangue total por *homogeneous enzyme immunoassay* (EMIT).

1990 K. Kasai e colegas publicaram o primeiro artigo sugerindo o locus D1S80 (pMCT118) para análise de DNA forense. O D1S80 foi posteriormente desenvolvido pela Cetus Corporation (posteriormente Roche Molecular Systems) como um sistema de digitação forense de DNA comercialmente disponível.

1992 Em resposta às preocupações sobre a prática da análise de DNA forense e interpretação dos resultados, o Comitê Nacional de Pesquisa em DNA Forense (NRC I) publicou DNA *Technology in Forensic Science.*

199 Thomas Caskey, professor da Baylor University, no Texas, e colegas publicaram o primeiro artigo sugerindo o uso de pequenas repetições em tandem para análise de DNA forense. A Promega Corporation e a Perkin-Elmer Corporation, em colaboração com a Roche Molecular Systems, desenvolveram independentemente kits comerciais para tipagem forense de DNA STR.

1991 A Walsh Automation Inc., em Montreal, lançou o desenvolvimento de um sistema automatizado de imagens chamado *Integrated Balistics Identification System*, ou IBIS, para comparação das marcas deixadas em balas disparadas, cartuchos e cartuchos. Este sistema foi posteriormente desenvolvido para o mercado dos EUA em colaboração com o Bureau de Álcool, Tabaco e Armas de Fogo (ATF).

1992 O FBI contratou a Mnemonic Systems para desenvolver o *Drugfire*, um sistema automatizado de imagens para comparar marcas deixadas em cartuchos e cartuchos. A capacidade de comparar marcadores disparados foi posteriormente adicionada.

1993 Em Daubert et al. v. Merrell Dow, um tribunal federal dos EUA relaxou o padrão Frye para admissão de evidências científicas e conferiu ao juiz um papel de "gatekeeping". A decisão citou as visões de Karl Popper de que as teorias científicas são falsificáveis como um critério para verificar se algo é "conhecimento científico" e deveria ser admissível.

1994 A Roche Molecular Systems (anteriormente Cetus) lançou um conjunto de cinco marcadores adicionais de DNA ("polymarker") para adicionar ao sistema de tipagem de DNA forense HLA-DQA1.

1996 Em resposta às contínuas preocupações sobre a interpretação estatística das evidências de DNA forense, um segundo Comitê do Conselho Nacional de Pesquisa em DNA Forense (NRC II) foi convocado e publicado em *The Evaluation of Forensic DNA Evidence.*

1996 O FBI introduziu pesquisas computadorizadas no Banco de Dados de Impressões Digitais AFIS. A verificação ao vivo e os dispositivos de verificação de cartão permitiam envios interdepartamentais.

1996 No caso Tennessee v. Ware, a tipificação do DNA mitocondrial foi admitida pela primeira vez em um tribunal dos EUA.

1998 Um banco de dados de DNA do FBI, o NIDIS, que permite a cooperação interestatal na conexão de crimes, foi colocado em prática.

1999 O FBI atualizou seu banco de dados de impressões digitais computadorizado e implementou o *Sistema Integrado de*

Identificação de Impressão Digital Automatizada (IAFIS), permitindo capacidades de envio, armazenamento e pesquisa diretamente ao banco de dados nacional mantido no FBI.

1999 É assinado um Memorando de Entendimento entre o FBI e o ATF, permitindo a utilização da *Rede Nacional Integrada de Balística* (NIBIN), para facilitar o intercâmbio de dados sobre armas de fogo entre o Drugfire e a IBIS.

2
CONCEITO DE INVESTIGAÇÃO CRIMINAL

2.1 NOÇÃO DE CONCEITO

Para Abbagnano, numa acepção ampla, conceito é a representação mental de um objeto concreto ou abstrato, que possibilita a descrição, a classificação e a previsão de objetos cognoscíveis. Também, conceito é um signo do objeto (qualquer que seja) e se acha em relação de significação com ele (2003, p. 164).

Na Lógica, conceito é uma abreviação para a conotação ou sentido de palavras, também, é a adequada abreviação para as propriedades de uma classe (Hegenberg, 1995, p. 38). Para Hempel, é o significado que assegura ao enunciado uma verificabilidade apropriada e uma aptidão para ser usada na explicação, predição e retrodição de fenômenos, com a finalidade de enunciar, descrever o que se aceita como significados de um termo já em uso, ou atribuir por estipulação um significados especial ao termo dado (1974, p. 109).

Como o conceito expressa uma abstração formada mediante a generalização de observações particulares, nosso trabalho buscará apresentar uma aproximação do significado de investigação criminal, baseado em conhecimentos teóricos e aplicados, o qual apresentará pautas operativas para refletir sobre o significado que atribuímos a ela, a considerar a existência de um núcleo que delimita seus estudos, mas, também, que dialoga com ramos afins.

Para orientar nossos estudos, adotaremos algumas noções sobre semiótica e linguística. Semiótica é o estudo dos signos, daquilo que representa algum objeto para alguém, qualquer objeto que é usado como menção de outro objeto; e linguística é a ciência que estuda todo e qualquer sistema de signos (Petter, 2011, p. 17).

Empregando os conceitos de semiótica, a investigação criminal pode ser vista por estudos: a) semânticos: dimensão substancial, o sentido do signo, a relação dos signos com o que ele representa; b) sintáticos: organização interna, relação dos signos entre si; e c) pragmáticos: os significados que os operadores apresentam, relação dos signos com seus usuários (Pêcheux, 2009, p. 10).

Para efeito de nossos estudos, consideramos investigação criminal sinônimo de criminalística – como será visto mais adiante –, mas também significa polícia judiciária e corresponde à atividade de apuração de infrações penais.

2.2 ACEPÇÕES DE INVESTIGAÇÃO CRIMINAL

Encontramos vários sentidos para a investigação criminal, seja no âmbito dos criminalistas em geral, seja pela doutrina, mas principalmente pelos operadores policiais, os quais poderiam ser sintetizados cientificamente, da seguinte forma:

- DESCOBERTA: desvelamento do evento criminoso. É tirar o véu, a coberta, o encobrimento, o que não é aparente aos olhos. É a revelação do oculto, de forma espontânea, provocada ou antecipada. É apressar um evento que ocorreria cedo ou tarde, se não déssemos o trabalho de fazer a descoberta.
- FENOMENOLÓGICO: explicação do evento criminoso através da observação dos fatos objetivos da infração penal. Estudaremos o método fenomenológico em tópico próprio deste trabalho.

- PROVA: corresponde ao procedimento de coleta de vestígios e provas, aos elementos materiais e informacionais que confirmam (ou não) uma proposição sobre o crime.
- INSTRUÇÃO: se refere ao registro e documentação de atos policiais, ou seja, à formalização dos atos investigativos.

De forma mais solta, com nuanças técnico-científica, porém, integrando o universo cultural dos operadores investigativos, podemos descrever algumas brevíssimas definições para investigação criminal, manejando verbos no infinitivo com complementos distintos:

– É *descobrir* pistas de um crime e do criminoso.

– É *descobrir* as provas de crime.

– É *comprovar* um crime cometido por alguém.

– É *buscar* rastros e vestígios de crime.

– É *esclarecer* a materialidade e autoria de um crime.

– É *observar* os detalhes, os fragmentos escondidos de um crime.

– É *observar*, *selecionar*, *analisar* coisas e eventos visando sua descrição e explicação.

– É *refletir* metodicamente sobre fatos vinculados a crimes.

– É *esclarecer* crimes com emprego de operação lógica.

– É *construir* hipóteses sobre fato criminal e depois testá-las.

– É *levantar* hipóteses e buscar vestígios sobre elas.

– É *perseguir* crime e criminosos para julgamento pela Justiça.

– É *esclarecer* crimes para julgamento e proporcionar a paz pública.

– É o ato de *conhecer* um crime para seu julgamento.

– É o ato de *conhecer* o crime para sua repressão.

Denotam-se dessas definições sintéticas quatro sentidos principais para o ato de investigar: *descoberta*, *observação*, *lógico* e *justiça criminal*. Os primeiros assumem acepção técnica, própria e específica da atividade, os quais juntamente com a acepção lógica e à ligada a justiça criminal, compõem o tripé que será bastante explorado ao longo desta obra (técnica + lógica + justiça). Não estamos no campo da bricolagem cognitiva, nem numa mixagem de conhecimentos para produzir um resultado integrado, porém, neste tripé interagem entre si processos cognitivos pragmáticos, metodológicos e teleológicos, cujo destrinçamento será ensaiado nos capítulos subsequentes deste trabalho.

Denota-se, que, embora possa ter vários sentidos, a investigação criminal não é indeterminada ou fluida. Ela possui um núcleo duro de ações que a delimita, e pode ser sintetizada como *o conhecimento de crime para sua repressão.*

2.3 INVESTIGAÇÃO CRIMINAL E CRIMINALÍSTICA – HANS GROSS

Como assinalamos anteriormente consideramos investigação criminal como sinônimo de criminalística. O austríaco Hans Gross no século XIX sistematizou o conceito e a organização interna da investigação criminal, em sua obra *Manual para juízes de instrução*, publicada inicialmente em 1893 e aperfeiçoada nos anos seguintes, com destaque para a 4ª edição de 1904. Diante das dissenções conceituais que haviam naquela época, principalmente entre a criminologia e matérias afins, Gross chegou aos seguintes elementos conceituais para investigação criminal, como sinônimo de criminalística (Zbinden, 1957):

- Conjunto de teorias que se referem ao esclarecimento dos casos criminais.
- Teoria da técnica de execução dos crimes ou dos fenômenos de realização dos atos criminosos, que correspondem à fenomenologia criminal.
- Estudo dos métodos práticos de investigação para apuração da verdade.
- A forma como se praticam os crimes, como devem ser investigados e esclarecidos, quais os motivos que contribuíram para que fossem cometidos, quais os objetivos que o autor pretendia alcançar com sua prática.

Esta delimitação feita por Gross é fértil para os estudos sobre investigação criminal, e oferecerá pautas para nossos estudos ao longo desta obra, devido a proliferação de posições limitativa e castradora do objeto e do conceito de investigação criminal, vistas em tempos atuais pelo órgão de acusação brasileiro, quase sempre objetivando atender interesses corporativos que desejam ampliar atribuições e poderes, sem respeitar o necessário equilíbrio nas tarefas persecutórias criminais, que acabam redundando em discursos que se convertem em políticas criminais com apelo carismático, que conduzem à engenharias processuais criptoautoritárias e concentradoras de poder, conforme bem alerta Silva Pereira (2019, p. 113, 168 ss)[2]. Estas correntes limitativas, que também é desintegradora do conceito de investigação criminal, são rechaçadas por nós neste trabalho, uma vez que inspirado em Gross, entendemos que a acepção de investigação criminal deve ser ampliada, chegando-se a um núcleo duro de conhecimentos específicos para a mesma.

2.4 SISTEMA JURÍDICO EPISTÊMICO E COGNITIVISTA

Ao longo deste trabalho, estudaremos um conceito para a investigação criminal que pressupõem um paradigma cognitivista para ela, ou seja, admitimos que o crime é uma realidade social passível de ser conhecida por processos racionais e válidos e, logicamente, a investigação criminal é um instrumento eficaz para descoberta e determinação da verdade dos fatos sobre a qual se fundamenta uma decisão. Também, considera a possibilidade de a investigação atingir a verdade, mesma que aproximada, o suficiente para uma decisão sobre responsabilidade penal do autor de crime.

---

2 Geraldo Prado rechaça a denominada "aglomeração quântica de poder" em *Prova penal e sistema de controles epistêmicos*, p. 50.

Com esta premissa cognitivista, admitimos que é possível proceder à investigação criminal visando formular hipóteses criminais verdadeiras, mas também perfilamos uma dimensão epistêmica, ou seja, "um conjunto estruturado de atividades encaminhadas a obter conhecimentos verdadeiros sobre fatos relevantes para a solução da controvérsia", como ensina Michele Taruffo (2010, p. 155). Com razão Silva Pereira (2019, p. 177) defende sua posição zetética para o conhecimento humano, admitindo o falibilismo desenvolvido de forma racionalista crítica, sem incorrer no dogmatismo ou no ceticismo radical, concluindo que "deve haver alguma mínima confiança" nas nossas faculdades e nos meios de conhecimento.

Afastamo-nos da possibilidade da emotividade, da intuição, da força como forma de atingir o conhecimento de crime, da epistemologia da incerteza defendida por Lopes Jr. (2010, p. 52-55), assim como também de modelos derivados do construtivismo ou decisionismo, já que este consiste no emprego apenas de subjetividades, nega o caráter cognitivo da investigação e do processo, conforme Ferrajoli (2010, p. 46).

Ademais, também admitimos que a investigação criminal é influenciada por questões ideológicas, de natureza econômica, social, financeira, políticas etc., uma vez que a dimensão epistêmica pode ceder circunstancialmente ante a outros interesses e valores, principalmente para preservar a integralidade da personalidade e da intimidade do cidadão, surgindo então regras contraepistemológicas na investigação criminal, ou, limites à ação investigativa.

Isso parece, à primeira vista, uma posição sem grandes polêmicas, contudo, no âmbito da filosofia jurídica e da teoria da ciência há posições céticas radicais quanto à possibilidade de se atingir a verdade de um fato criminal. Não constitui objeto deste trabalho aprofundar sobre isso, mas interessa para nós apresentar brevemente algumas colocações sobre alguns sistemas processuais penais que influenciam diretamente a investigação criminal, com a geração de níveis epistêmicos diferentes.

Nesta obra discorreremos sobre os paradigmas apenas quanto ao processo cognitivo de reconstrução do fato penal, sem abranger a fase de julgamento e solução do conflito. Sua abordagem histórica é fértil para a compreensão dos modelos. Vejamos, então, uma breve incursão nesta área.

Os principais sistemas cognitivistas empregados ao longo do tempo, no ocidente, são: o inquisitivo e o acusatório. Numa perspectiva histórica, o inquisitivo, de forma muito sintética, se baseia na persecução pública de crimes e na busca da verdade material sobre os fatos investigados. O acusatório orienta-se pela separação das funções de acusar e julgar e no impulso da ação penal pelo particular.

O soberano ao apoderar-se do conflito com a transformação da persecução criminal privada em persecução pública, e com a influência do Direito Canônico que aperfeiçoou as técnicas persecutórias pela Igreja, propiciou o desenvolvimento de uma estrutura estatal incumbida do conhecimento e da punição dos crimes, gerando assim a figura do procurador como representante do soberano e do inquérito escrito e secreto para investigar os crimes, até que no século XII já se encontrava bastante desenvolvido, mas não se pode desconsiderar que já era praticado na Alta Idade Média pelos funcionários Carolíngios (Foucault, 2002, p. 64). Anitua (2008, p. 42) sintetiza a nova ordem salientando que "o monopólio estatal do *ius puniendi* significa que não se substituía somente a sociedade em assembleias, mas também as vítimas de sua reclamação e em seus lugares apareceram funções estatais que deveriam ser respeitadas por aqueles". Zaffaroni (2002, p. 265) destaca que a supressão da vítima no processo penal produziu a degradação do ser humano como objeto a ser dominado, criando-se a relação sujeito *versus* objeto.

Este novo método de saber-poder ocupar-se-ia da repressão criminal mediante indagações sobre possíveis crimes praticados em determinadas comunidades, mais àqueles que eram mantidos no anonimato, além daqueles que eram surpreendidos em estado de flagrância, ou seja, permitia tornar presente, sensível, imediato e verdadeiro, o que ocorreu no passado como se estivesse presenciando uma cognição presente de um fato do passado.

Este cenário forneceu condições para florescimento de uma organização hierárquica e permanente, nos moldes religiosos, que se encarregou de averiguar os crimes, registrando-se as diligências por escrito e mediante segredo, sem participação do investigado e com amplo emprego de torturas para se obter a confissão de crimes, cuja prática fazia parte da cultura daquela época, reunindo, assim, elementos desumanos e antidemocráticos que culminou em uma verdadeira perversão da forma de se fazer justiça, aliado ao maciço emprego contra camadas da sociedade consideradas indesejáveis, dissidentes políticos ou inimigas do soberano (Foucault. Anitua).

O modelo inquisitório e suas técnicas de aquisição e produção do conhecimento produziram barbáries na perseguição de inimigos imaginários, inicialmente o crime de bruxaria; os hereges; depois a mulher; seguindo para grupos religiosos e étnicos, em suma, o outro, o diferente, chegando a produzir um corpo de conhecimento sistematizado na obra *Malleus Maleficarum* ou *Martillo de las Brujas*, em 1484, dos inquisidores Heinrich Kraemer e James Sprenger, pelo qual, segundo Zaffaroni (2002, p. 271), constituía o primeiro modelo integrado de criminologia e criminalística com direito penal e processual.

Zaffaroni (2011) alerta para o desenvolvimento de estruturas discursivas inquisitoriais com valores culturais próprios, tal como a inquisição na idade média, quando o modelo excepcional criado pela igreja se tornou normal, havendo uma tendência irrefreável do excepcional se tornar normal ao longo da história do sistema punitivo.

A imagem passada majoritariamente pela produção bibliográfica ao longo dos últimos séculos, que também faz parte do imaginário popular, é que a inquisição remete ao cenário de "uma sala escura, cortinas cerradas, homens encapuzados, velas acesas, instrumentos de tortura à mostra e, ao fundo, um grande crucifixo" (Azevedo Júnior, 2018). Pesquisadores defendem em trabalhos recentes que esta imagem não corresponde à verdade histórica, ela seria fruto de uma "lenda negra", um mito, criado por reformadores religiosos e aperfeiçoada pelos iluministas, que contou com o endosso de inimigos da Coroa Espanhola no século XVI (Azevedo Júnior, 2018). É o que retratam também Henry Kamen, Peters Edward, Felipe Aquino e outros autores[3], sobre os quais remeto para aprofundamento do tema.

O processo cognitivo factual se baseava na reconstrução histórica através da indagação ou inquirição do suspeito, ou na "reatualização de fatos através do testemunho", coloca Foucault (2002, p. 88).

A concepção inquisitorial foi expandida para vários ramos do conhecimento, constituindo em um saber-poder segundo Foucault (2002, p. 75), possibilitando o nascimento de novas ciências: Economia Política, Estatística, Medicina, Botânica, Zoologia. Através da instituição judiciária desenvolveu-se uma forma de autenticar a verdade na cultura ocidental.

Com o iluminismo se pretendeu superar o modelo inquisitório, mas ele se mantém até hoje em diversos sistemas penais. Chegou a ser reformado em 1808 com o Código de Instrução Criminal francês, e posteriormente foram desenvolvidos procedimentos e técnicas para imposição de limites ao processo de busca do conhecimento criminal, buscando-se respeitar a dignidade da pessoa humana numa concepção liberal, inclusive, mediante a criação de garantias aos cidadãos em documentos internacionais sobre direitos humanos, da mesma maneira foram desenvolvidos princípios processuais e constitucionais protetivos, tal como o da legalidade, da presunção de inocência, devido processo legal, da publicidade etc., culminando no sistema garantista criado por Luigi Ferrajoli, no final do século XX.

---

3 Veja também HORVAT, Marian, AZEVEDO JÚNIOR, SHANNON, Alberto C.

São diversas as abordagens feitas dos sistemas processuais penais, algumas prestigiam os elementos histórico e teórico, outros o respeito a direitos individuais do investigado, outros, ainda, a eficiência na repressão criminal[4], todavia, a investigação criminal é uma nota comum entre eles, devido à necessidade de se apurar minimamente a infração criminal para permitir uma acusação, o processo e o julgamento pelo Poder Judiciário. Na criminalidade de pouca ofensividade, no Brasil (Crimes de menor potencial ofensivo, da Lei 9.099/1995 e Lei 10.259/2001), já se maneja um sistema de justiça negociada, sem haver uma apuração da verdade fática do evento, prestigiando-se a rápida solução dos conflitos em vez da busca da verdade.

A busca da verdade sobre os fatos, ou seja, a investigação criminal, é pressuposto para o processo e para a pena, que pode ser alcançado na fase preliminar investigatória levada a cabo pela polícia judiciária por intermédio do inquérito policial, predominando no Brasil e na maioria das nações a apuração criminal policial. Também na fase processual são praticados atos investigativos acerca das hipóteses lançadas na acusação. No plano internacional a profundidade da investigação criminal varia de acordo com as peculiaridades de cada nação.

Como defendemos outrora (Santos, 2013, p. 88), no âmbito da investigação criminal, não há espaço para certezas absolutas, mas também para ceticismo ou relativismo absolutos, devendo o investigador criminal guiar-se pelo ceticismo moderado como postura heurística fundamental, a permitir que a precognição (predição) e a pós-cognição (retrodição) de fatos, mas sem se esquecer que na retrodição o investigador conhece o passado com as interferências do conhecimento do desenlace futuro, e este conhecimento do "futuro passado" completo gera interferências cognitivas no processo explicativo do fenômeno. Embora a investigação criminal não seja o reino da certeza, temos de rechaçar

---

4 Estudaremos alguns modelos de persecução criminal no Capítulo 6, quando analisaremos as funções da investigação criminal.

a epistemologia da incerteza ou princípio da incerteza defendidos por Ruth Gauer, em que tudo é relativo, não há padrão a ser seguido, a ordem é excepcional e o caos que é a regra (Lopes Jr., 2010, p. 52-55), preferimos atribuir tendências e propensões seguindo Popper, sob pena de se concluir que a "ação consciente seria então tornada impossível pela impreditibilidade de tudo o que fazemos" (Spire, 2000, p. 48).

2.5 DEFINIÇÃO DE INVESTIGAÇÃO CRIMINAL

A definição de investigação criminal pode parecer uma operação simples, se examinada de forma superficial - como podemos observar em algumas definições sintéticas colocadas acima - assim como na percepção de investigadores amadores, entre as pessoas leigas ou aquelas mais afoitas. Para nosso trabalho temos de buscar aprofundamento vertical e horizontal do tema, para isso vamos revisitar a matéria que demanda, obrigatoriamente, transitar por elementos epistemológicos e historiográficos.

Ao abordarmos a investigação criminal, em um primeiro momento a visualizamos no plano da técnica, depois surge a ideia de solução da materialidade e autoria de crime, com raciocínios preponderantemente pragmáticos, entretanto, a investigação criminal pode ser estudada com uma abrangência maior.

Com os diversos conceitos trazidos de vários setores da produção científica sobre a matéria, reflexamente acabaremos tangenciando seu objeto, método, função e características, pois estes fixam os limites da investigação criminal e, também, ao dizer o *quê* uma coisa é acaba-se dizendo *porque* é assim. Entretanto, estes serão estudados detidamente em capítulos próprios.

Ao longo das conceituações serão trazidas diversas dimensões, desde conceitos gerais de investigação científica, passando por dimensões jurídicas, históricas e teleológicas, sem se esquecer das dimensões semântica, sintática e pragmática da investigação.

Para isso, apresentaremos noções gerais sobre investigações científicas, depois o pensamento de autores antigos e clássicos para em seguida estudarmos as definições mais atualizadas que lhe conferem atributos de uma disciplina autônoma e científica, inserida na interdisciplinaridade e na complexidade da sociedade moderna.

2.6 CASOS PARA RACIOCÍNIO DOS CONTEÚDOS

Para operacionalizar os conteúdos estudados, empregaremos casos hipotéticos que compõem a rotina dos investigadores policiais, os quais permitem analisar como os crimes são praticados e como podem ser investigados, conforme conceito que adotamos para investigação criminal, ao final deste capítulo.

1º caso. Prefeito de um município interiorano obriga alunos de escola municipal a desfilarem nas comemorações cívicas da cidade, em 7 de setembro, com o número 10 de sua candidatura pendurado no pescoço de alunos. Ele é candidato à reeleição ao cargo de prefeito.

2º caso. Indivíduo se destaca no bairro onde reside, por circular em veículo importado de alto valor, frequentar restaurantes caros e promover festas, viajar para exterior com toda família, e adquirir vários imóveis. É pequeno comerciante e seu cunhado chefia um setor da prefeitura vizinha.

3º caso. Homem é encontrado morto dentro de seu veículo na garagem de sua casa, com sinais de golpes de facas no tórax, e constata-se que objetos pessoais foram subtraídos. O morto tinha dívidas com várias pessoas e enfrentava problemas na sua relação conjugal.

4º caso. Em determinada região de uma cidade, há muitos arrombamentos de veículos estacionados na rua, ocasionando a subtração de objetos em seu interior e equipamentos eletrônicos instalados nos veículos.

5º caso. Grande volume de roubo de caixas eletrônicos com emprego de explosivos, com participação de vários indivíduos na operação e emprego de veículos furtados ou roubados.

Os casos abrangem casuísticas diversas, com diferentes níveis de complexidade e gravidade, com agentes individualizados ou múltiplos, com capacidade heurística para nossas investigações.

Há que se ter em conta, que a investigação criminal pode se apresentar na rotina investigativa em fases e componentes diversos. Ela não se apresenta, como nos contos policiais sherlockianos, como um crime indefinido em seus componentes no início e ao final tudo se apresenta esclarecido: conduta infringida, autores, participantes, causa, dinâmica, objetos usados etc. A notícia do crime pode chegar ao investigador com alguns elementos definidos, por exemplo, com conduta bem delineada, mas a autoria indefinida, ou, até mesmo com boas informações sobre o autor e com algumas provas, mas carecendo de robustecimento delas. Devido à aleatoriedade da dinâmica social, não há um figurino em que as condutas devem se encaixar desde o início, ao revés, o criminalista é quem deve avaliar que fase de um figurino a investigação pode ser iniciada.

Em nossos estudos vamos manejar modelos integrais de investigação, para efeitos didáticos, a permitir uma visão global da mesma.

2.7 DEFINIÇÃO GERAL DE INVESTIGAÇÃO

Antes de ingressarmos nas definições atualizadas de investigação criminal, abrimos um parêntese para trazer alguns pensamentos da teoria do conhecimento, os quais auxiliarão na compreensão das definições seguintes e demais reflexões sobre investigação.

Interessa para nossos estudos a definição da escola pragmatista da investigação geral, desenvolvida por John Dewey e repercutida entre nós por Luiz Henrique de A. Dutra, mas que, também, acolhe os construtos teóricos de Charles Sanders Peirce.

Numa visão mais geral, a investigação criminal está imersa num pensamento reflexivo que se exterioriza por: "a) um estado de perplexidade, hesitação ou dúvida; b) atos de pesquisa ou investigação tendo o fim imediato de descobrir outros fatores que sirvam para corroborar ou destruir a convicção sugerida" (Dewey, 1953, p. 11).

Este processo exterior do pensamento reflexivo, pode ser desdobrado em cinco subprocessos ou partes lógicas, conforme ensina Dewey (1953, p. 78):

> "1ª) uma dificuldade encontrada;
>
> 2ª) a sua localização e definição;
>
> 3ª) a sugestão de uma solução possível;
>
> 4ª) o desenvolvimento do raciocínio no sentido da sugestão;
>
> 5ª) observações e experiências posteriores, conducentes a sua aceitação ou a seu afastamento, levando-nos a uma conclusão que nos fará crer, ou não, em dada coisa".

O objeto da investigação é um problema saliente da vida, a dificuldade, a situação confusa e obscura que requer uma solução, e para solvê-lo inicia-se o processo contínuo de observação dos seus elementos, de destrinçamento de seus componentes, daquilo que já aconteceu e que ainda pode acontecer, e com isso se atribui um significado ao fenômeno, desenvolve-se uma ideia sobre a dimensão do problema, para, finalmente se propiciar uma reação e se chegar a uma conclusão satisfatória, mediante emprego de ações selecionadas dentre as disponíveis.

Segundo Dewey (1980, p. 58) a mais altamente generalizada concepção de investigação, "é a transformação dirigida ou controlada de uma situação indeterminada em uma situação de tal modo determinada nas distinções e relações que a constituem, que converta os elementos da situação original em um todo unificado".

Conforme esse autor (1953, p. 15-16), para resolver um problema no espírito humano, é necessário refletir, ir a procura de uma prova complementar, coligir novos dados que desenvolvam uma sugestão e que ponham a prova e mostrem sua adequação ou seu absurdo e impropriedade, isso, em vez de se aceitar qualquer sugestão que se apresente ao espírito. É necessário sair da inércia, não aceitar qualquer solução, o que implica em suspensão do juízo, adotar postura de suspensão da conclusão, exercitarmos e adquirirmos bons hábitos mentais, treinarmos e educarmos o pensamento para não incorrer em erros, em suma, "duvidar e evitar as conclusões prematuras, continuando-se, ao mesmo tempo, a proceder a investigações sistemáticas" (Dewey, 1953, p. 16).

Seguindo a escola pragmatista, temos no Brasil os excelentes estudos de Luiz Henrique de Araújo Dutra, que apresenta uma metodologia geral da investigação. Embora sua metodologia seja intuitiva e informal, o autor defende que encontramos traços comuns em todas as atividades cognitivas, algumas mais profissionalizadas, rigorosas e sistemáticas que outras, a depender das circunstâncias experimentadas pelas atividades, como exemplo são lembradas a investigação policial, o jornalismo investigativo, a filosofia, a religião, a tecnologia, a pesquisa científica, aos quais acrescentamos a investigação médica.

Ao se referir à investigação criminal pragmática, Dutra (2001, p. 133) maneja os conceitos da epistemologia, onde se distinguem os termos pragmática, sintaxe e semântica. A semântica se refere ao conteúdo do conhecimento, a sintaxe estuda as regras metodológicas, e a pragmática estuda a prática dos investigadores, ou seja, como eles se comportam quando investigam. Complementa o citado autor (2001, p. 134), "é um relato de como o investigador se comporta ao utilizar certa linguagem, certos métodos e procedimentos (mais ou menos rigorosos ou regrados), certas estratégias empíricas, certa instrumentação e aparelhagem construídas para investigar".

Seguindo pensamento pragmático para às investigações em geral, Dutra construiu uma definição que contempla quatro etapas para a investigação, as quais podem orientar uma investigação policial. Vejamo-las:

> "1. a colocação do **problema**;
>
> 2. a elaboração de uma **hipótese**, visando solucionar o problema;
>
> 3. a constituição de uma **base de dados**, com a qual a hipótese vai ser comparada;
>
> 4. a constatação do acordo entre a **hipótese** e a base de dados, a **averiguação** propriamente dita." (Destaque do autor)

Em sua concepção fundacional-coerentista Susan Haack (1997, p. 280. Waal, 2007, p. 225), defende um pluralismo de conduta na investigação a qual propicia uma resposta adequada para uma situação problemática, ou a fixação da crença. Ela adota em seu processo de investigação a analogia das palavras cruzadas, que aponta para aquilo que torna uma evidência mais forte, as dicas, os argumentos, as entradas já intersecionadas, ao passo que Peirce trabalha com a analogia de uma corda, na qual os fios unidos podem formar uma boa explicação para um contexto investigativo (Waal, 2007, p. 226).

Pabón Gomez (2007,p. 162) sistematizou o processo cognitivo processual penal em *atos de verificação; atos de investigação* consistente nos atos de esclarecimento das generalidades, particularidades e singularidades das condutas objeto de conhecimento; *atos de reconstrução* que compreende a teoria do caso; e *atos de provas* das circunstâncias modais, temporais, principais e acessórias que permearam a relação de conduta de uma pessoa com os objetos jurídicos penalmente tutelados.

Com sentido jurídico, tanto penal como civil, o conhecimento de fatos aponta para uma atividade investigadora, mas são diversos os vocábulos empregados, com sentidos diferentes e com clara complementariedade dentro de um processo cognitivo, como enunciou Goméz acima. Vejamos alguns, levantados por Sentis Melendo (1979, p. 49 ss): a) *averiguar*: significa ir em busca de uma verdade desconhecida ou não afirmada; b) *verificar*: é apresentar, oferecer a verdade, pressupondo algo afirmado antes ou já conhecido. Difere de averiguar que pressupõe o desconhecido, portanto, se averigua o desconhecido e verifica o conhecido; c) *esclarecer*: consiste em deixar claro, elucidar. Pode se relacionar com verificar quando então exprime uma verificação, portanto, previamente ao esclarecimento pode haver algo existente, mas que se requer esclarecer os detalhes; d) outros vocábulos: esquadrinhar, escrutinar, detectar, examinar, inquirir, indagar, acertar (tornar certo), reconstruir.

Adverte o autor que tais vocábulos possuem valores semânticos distintos, como se pode observar na diferença entre *averiguar* e *verificar*. Também, o ato de investigar possui significado multívoco, que pode ser compreendido por atividades desenvolvidas em contexto de descoberta ou em contexto de justificação, podendo variar desde a busca pelo desconhecido, passando pela investigação de algo existente parcialmente, seguindo para atos de verificação ou esclarecimento, chegando-se a atos comprovatórios. Estes compõem o percurso do ato investigativo.

2.8 DEFINIÇÃO ANTIGA DE INVESTIGAÇÃO CRIMINAL (PRIMÓRDIOS)

As principais ciências surgiram no século XVIII, na efervescência dos movimentos políticos, culturais e econômicos derivados da Revolução Francesa e da Revolução Industrial, quando vimos a antiga alquimia progredir para a química, a astrologia evoluir para a astronomia e a fisiognomonia para antropologia física (Foucault, 2002, p. 75. Santos, 2012, p. 16 e ss).

Da mesma forma nasceu o saber investigativo criminal neste período, cuja construção da verdade factual se baseava na reconstrução histórica através da indagação ou inquirição do suspeito, ou na "reatualização de fatos através do testemunho" (Foucault, 2002, p. 88), inclusive, com a concepção inquisitorial os demais ramos científicos também enfrentaram sua fase germinal.

A Polícia Judiciária nasceu após a Revolução Francesa, como braço especializado auxiliar da Justiça, com a missão de esclarecer crimes e apresentar os criminosos à Justiça, ou seja, como organização moldada para o exercício da investigação criminal. Faustin Helie (*Apud* Mendes Almeida, 1920, p. 275), é o autor que melhor captou o significado da polícia judiciária, ainda nas suas origens germinais e, consequentemente, acabou lançando alguns marcos sobre a investigação criminal e seu âmbito de abrangência:

> " [....] é o olho da Justiça; é preciso que seu olhar se estenda por toda parte, que seus meios de atividade, como uma vasta rede, cubram o território, a fim de que, como a sentinela, possa dar o alarma e advertir o juiz; é preciso que seus agentes, sempre prontos aos primeiros ruídos, recolham os primeiros indícios dos fatos puníveis, possam transportar-se, visitar os lugares, descobrir os vestígios, designar as testemunhas e transmitir à autoridade competente todos os esclarecimentos que possam servir de elementos para a instrução e a formação da culpa; ela edifica um processo preparatório do processo judiciário; e, por isso, muitas vezes, é preciso que, esperando a intervenção do juiz, ela possa tomar as medidas provisórias que exigirem as circunstâncias. Ao mesmo tempo ela, deve apresentar em seus atos algumas das garantias judiciárias: que a legitimidade, a competência, as habilitações e as atribuições dos seus agentes sejam definidas, que os casos de sua intervenção sejam previstos, que seus atos sejam autorizados e praticados com as formalidades prescritas pela lei; que, enfim, os efeitos destes atos sejam medidos segundo a natureza dos factos e a autoridade de que são investidos os agentes."

Foi **Hans Gross** (1847-1915) quem apresentou uma limitação aos conceitos até então divergentes, sobre a abrangência do direito penal, criminologia e criminalística. Anteriormente, Franz Von Liszt desenvolveu a ciência total do direito penal que abrangia direito formal e material e as várias ciências auxiliares, designando como criminalística todas as ciências que têm por objeto o crime. A criminologia e a política criminal compunham as ciências auxiliares (Zbinden, p. 10. Dias, p.20).

O marco bibliográfico da investigação criminal é a obra *Manual para juízes de instrução*, de Gross, que foi amplamente divulgado na Europa e recebeu diversas edições. Segundo Zbinden (Zbinden, 1957, p. 11), na 3ª edição do manual, Hans Gross já defendia que a "forma como se praticam os crimes, como devem ser investigados e esclarecidos, quais os motivos que contribuíram para que fossem cometidos, quais os objetivos que o autor pretendia alcançar com a sua prática – são questões a que o direito penal e o direito processual não podem dar qualquer resposta".

Encontramos na obra de Hans Gross, os seguintes elementos conceituais de investigação criminal:

- Compreende a fenomenologia criminal e os métodos práticos de investigação. Este seria um conceito amplo de investigação criminal (Zbinden, 1957, p. 14).
- Estuda o fenômeno do crime sob a sua forma objetiva, a fenomenologia criminal, como técnica da prática do crime, e é, portanto, a teoria fenomenológica do crime. Complementarmente estuda também os métodos práticos de investigação para apuramento da verdade. (Zbinden, 1957, p. 12).

Hans Gross é considerado por Zbinden (1957, p. 11 e 14) como o fundador da Ciência da Investigação Criminal e da Criminologia. Para aquela época, Hans Gross e diversos autores já consideravam investigação criminal sinônimo de criminalística, em virtude dos debates sobre os limites do direito penal, da criminologia e da criminalística. Hans Gross, delimitou o objeto da investigação criminal como a ciência que estuda a fenomenologia e os métodos práticos para esclarecimento de um evento criminal, a compreender a teoria da técnica de execução do crime ou dos fenômenos de realização do ato criminoso, aqui, apoiado na definição de Seelig.

Barberá e Turégano (1998, p. 24) também adotam criminalística como sinônimo de investigação criminal, em sentido amplo, chegando a colocá-la como "parte de la criminología que se ocupa de los métodos y modos prácticos de dilucidar las circunstancias de la perpetración de los delitos e individualizar a los culpados".

Karl Zbinden (p. 16) em seu magistral *Criminalística: Investigação criminal*, traduzido para o a língua portuguesa em 1957, adota o conceito amplo de Hans Gross para investigação criminal, incluindo a "fenomenologia criminal e a ciência da investigação penal". Em sentido estrito considera como "ciência de investigação penal, é, pois, a ciência dos métodos técnicos e psicológicos de investigação, legalmente admitidos no processo penal, e da sua utilização sistemática para o esclarecimento de fatos" (1957, p. 15).

Em sua obra, Zbinden, além de fazer estudo da posição da investigação criminal perante outros ramos que estudam o crime, levando em conta aquela época, também analisa a teoria das provas objetivas e dos meios objetivos de prova, contendo uma teoria dos vestígios e os métodos para apuração dos fatos objetivos, depois estuda os elementos subjetivos e a tática policial.

Denota-se que a investigação criminal recebe influência do Direito, todavia os demais saberes podem apoiar as atividades policiais, principalmente as ciências sociais. Neste cenário emerge a Ciência da Investigação Criminal tributária do Direito, como assinalado *supra*, mas com um corpo de conhecimento próprio, cujo conceito amplo compreende a fenomenologia criminal e os métodos práticos de investigação para apuração da verdade, conforme sistematização formulada por Hans Gross, o fundador da Ciência da Investigação Criminal. A fenomenologia criminal cuida do fenômeno do crime sob a forma objetiva, ou seja, a forma como se manifesta o crime e a criminalidade.

Von Jagemann (1805-1853) foi um dos pioneiros no estudo da investigação criminal. Em 1841 lançou o "Manual de orientação ao cliente na investigação criminal" (*Handbuch der Gerichtlichen Untersuchungskunde*), quando já se defendia caráter científico para a disciplina, sua emancipação do processo penal e a humanização das práticas investigativas. Devido à sua vasta publicação sobre o tema e a sistematização que influenciou a administração da justiça na Suíça, levou Zbinden (1957, p. 30) a considerá-lo como fundador da ciência da investigação criminal. Para este autor, a ciência da investigação compreende "todos os conhecimentos e princípios empíricos, por meio dos quais se consegue esclarecer a verdadeira situação de fato de um crime, por métodos legais e com maior rapidez, segurança e objetividade" (*Apud* Zbinden, p. 30).

Seeling (1895-1945) lhe dá a concepção de luta contra o crime, que inclui a tática criminalística, esta vista como a ciência da aplicação dos métodos de investigação mais convenientes, sob o ponto de vista técnico, processual e psicológico (*Apud* Zbinden, 1957, p. 13, 16).

Grassberger (1905-1991), adepto de uma teoria dos fatos processuais, considerou que a investigação criminal é composta pela *técnica* criminalística - que trata do componente físico ou objetivo, ou seja, é a teoria das provas objetivas que se ocupa da averiguação e interpretação dos vestígios do crime -, pela *tática* e pelo componente *psicológico.*

2.9 DEFINIÇÃO CLÁSSICA BRASILEIRA

No Brasil temos autores clássicos, desde o início do século XX, que debruçaram sobre o tema e apresentaram suas contribuições no campo processual penal. Podem ser lembrados: João Mendes Almeida Junior, Antônio Bento de Faria, Câmara Leal, Joaquim Canuto Mendes de Almeida, Basileu Garcia, Roberto Lyra, Eduardo Espínola Filho, Hélio Bastos Tornaghi, José Frederico Marques (Moraes, 2008, p. 77), Sérgio Marcos Moraes Pitombo, Fernando da Costa Tourinho Filho etc.

Almeida Junior (1920, v. I) não chega a analisar a investigação criminal em seu *Processo criminal brasileiro* (sic), uma vez que analisa o processo através de sua prospecção histórica. Contudo, ao analisar o inquérito policial e o sistema policial chega a dizer que aquele é "um ato da polícia auxiliar da justiça e não dos juízes" (1920, v. II, p. 77). O autor (1920, v. I, p. 274) adota a divisão francesa de polícia administrativa e polícia judiciária, aduzindo que esta "precede e facilita a instrução, verificando, buscando, inquirindo, coligindo indícios e provas, sem contudo apreciá-la, nem definir-lhes o caráter legal; prepara a ação do juiz, mas dela não participa senão para executar os seus mandados".

Embora o autor colacione a definição do trabalho policial judiciário apresentada por Faustin Helie - transcrita acima -, observa-se em sua obra a natureza parajudicial da investigação criminal, preparatória a ação judicial, em que se procede ao esclarecimento da infração criminal e a coleta de provas para subsidiar a fase processual levada a cabo pelo Poder Judiciário.

Seguindo o modelo de estudo do processo criminal dos clássicos processualistas do século XX, **Mendes de Almeida** (1973, p. 60 ss) ao estudar a instrução criminal no Brasil, na seção destinada ao inquérito policial considera a Polícia Judiciária como órgão de investigação e de ação judiciário-penal incumbida da pesquisa da verdade real e dos meios de poder prová-la em juízo, por intermédio da consulta da matéria ou da mente acerca da realidade ocorrida, ou seja, pela procura "na matéria de sinais físicos ou químicos dos fenômenos e na memória de seus semelhantes os resíduos mentais dos acontecimentos" (1973, p. 61).

Nota-se neste autor, que a investigação tem função preservadora contra acusações infundadas e preparatória dos meios de provas, nos mesmos moldes de Almeida Junior (1973, p. 35), entretanto, observa-se pensamento que desborda do processo penal e adentra no processo cognitivo, com nuanças próprias e típicas da investigação criminal.

Também, com análise voltada para a sintaxe (organização interna) e pragmática (o significado dado pelos operadores jurídicos), portanto, sem aprofundar a investigação em sua obra *Elementos de direito processual penal*, **Frederico Marques** (2000, p. 153) lhe atribui natureza informativa e preparatória, com função investigatória que "impede que desapareçam as provas do crime e colhe os primeiros elementos informativos da persecução penal" (2000, p. 160).

Tourinho Filho (1989, p. 167) apresenta estudo mais aprofundado sobre a atuação da Polícia Judiciária no processo penal. Esclarece que investigar o fato infringente da norma e quem tenha sido o seu autor, colhendo os necessários elementos probatórios a respeito, é função da polícia judiciária. Isso se materializa por "laboriosa atividade, ouvindo testemunhas que presenciaram o fato ou que dele tiveram conhecimento por ouvirem a outrem, tomando declarações da vítima, procedendo a exames de corpo de delito, exames de instrumentos do crime, determinando buscas e apreensões, acareações, reconhecimentos, ouvindo o indiciado, colhendo informações sobre todas as circunstâncias que circunvolveram o fato tido como delituoso, buscando tudo, enfim, que possa influir no esclarecimento do fato" (1989, p. 172).

A referência clássica mais aprofundada - exógena à polícia - de estudos sobre investigação policial e inquérito policial, é o pensamento de **Sérgio Marcos Moraes Pitombo**, professor da Universidade de São Paulo, advogado, desembargador do Tribunal de Justiça de São Paulo.

Pitombo (2015, p. 1-2) ao definir o inquérito policial e, portanto, a investigação criminal, considera imprescindível apontar os seguintes pontos: a) é um procedimento cautelar; b) de natureza administrativa, c) que contém investigação policial; d) acerca do fato, supostamente violante da norma penal, bem como de sua autoria". E no "referente ao conteúdo, emerge secular a ideia de que o procedimento escolhido tende à verificação da existência de infração penal, descobrimento de todas as circunstâncias e respectiva autoria".

O referido autor chega a apresentar doutrina descolada dos chavões tradicionais, tais como meramente informativo, preparatória etc., defendendo grande valia para a investigação realizada pela polícia judiciária, algumas com contingente instrução criminal definitiva no processo penal, que se constitui um banho lustral sobre os meios de prova.

Observa-se que majoritariamente os autores apresentam estudo de *como* e *para que* da investigação criminal, geralmente no tópico da polícia judiciária ou do inquérito policial, sem aprofundar o tema. Tratam da finalidade e, às vezes, do *dever ser* no processo, destacando que a investigação criminal é administrativa, preparatória da ação judicial e preservadora de provas que instruirão o processo.

Como veremos ao longo de nossos estudos, este enfoque apresenta uma compreensão limitadora e rasa da investigação criminal, a requerer um aprofundamento vertical e horizontal sobre a matéria.

2.10 DEFINIÇÃO CONTEMPORÂNEA

Contemporaneamente temos diversos autores e manuais de processo penal que discorrem sobre investigação criminal, contudo, em sua maioria são produzidos por integrantes do ministério público e quase sempre não dão a devida atenção ao tema, mas destacam em suas obras ideias restritivas e castradoras sobre investigação criminal e polícia judiciária. Vejamos algumas.

Ao debruçar sobre o inquérito policial, Guilherme de Souza **Nucci** o considera um procedimento administrativo, preparatório da ação penal, conduzido pela polícia judiciária, com o propósito de colher provas para apurar a materialidade de uma infração penal e sua autoria. Nucci (2011, p. 148) acresce também a função preservadora do inquérito policial, ou seja, "a colheita de provas urgentes, que podem desaparecer após o cometimento do crime".

Com perspectiva processual **Eugênio Pacelli** (2012, p. 4) atribui à investigação criminal a natureza administrativa, realizada anteriormente à provocação jurisdição penal, trata-se de procedimento tendente ao cabal e completo esclarecimento do caso penal destinado à formação do convencimento do responsável pela acusação.

Pacelli *não chega a analisar o o quê*, o significado da investigação criminal, apenas desenvolve construção *tímida e foca-a como instrumento da acusação, sem ao menos enfrentar a pragmática d*ela, ou seja, o que outros operadores do direito escrevem sobre a matéria. Isso, certamente em virtude de o autor ter sido procurador da república.

Afora os sobreditos manuais de processo penal que analisam superficialmente o inquérito policial, encontramos obras mais especializadas como a produzida por Nereu José **Giacomolli** em *A fase preliminar do processo penal*, que apresenta estudo moderno e atualizado aos preceitos constitucionais correlatos. É professor universitário, egresso da magistratura gaúcha, desembargador e pesquisador sobre processo penal, portanto, livre das polêmicas corporativas sobre a matéria.

Giacomolli (2011, p. 53) considera como objeto da investigação criminal o fato noticiado e suas circunstâncias (motivo, *modus operandi*, por exemplo), bem como possíveis sujeitos a ele relacionados (suspeitos, testemunhas, por exemplo).

Para o citado autor (2011, p. 52), sua natureza é jurídica e administrativa, procedimental, mas no inquérito policial podem ser praticados atos jurisdicionais, como na homologação de prisão em flagrante, decretação de prisão preventiva e outras medidas cautelares.

Sua função, defende o autor (2011, p. 53), é fornecer elementos fáticos sobre a materialidade, a autoria e a espécie delituosa, para subsidiar a acusação. Também, funciona como filtro para as acusações infundadas.

André Nicolitt (2010, p. 71) define investigação criminal "como o conjunto de atos do Estado voltados à apuração a autoria e da materialidade de uma infração penal", entretanto, referido autor (Nicolit, 2010, p. 80) considera o inquérito policial um "procedimento administrativo investigatório que busca reunir indícios de autoria e materialidade das infrações penais com o objetivo de fornecer estes elementos ao Ministério Público ou ao querelante, possibilitando o seguimento da persecução penal através da propositura da ação".

2.11 DEFINIÇÃO MODERNA

Com uma perspectiva de cunho legal **Aury Lopes Junior** (2013, p. 256 e 2003, p. 36) chama de investigação criminal "o conjunto de atividades desenvolvidas concatenadamente por órgãos do Estado, a partir de uma notícia crime, com caráter prévio e de natureza preparatória com relação ao processo penal, e que pretende averiguar a autoria e as circunstâncias de um fato aparentemente delituoso, com o fim de justificar o processo ou o não-processo".

O referido autor é quem melhor pesquisou sobre o tema, numa perspectiva do direito comparado, com contribuições significativas para o desenvolvimento da matéria sob o influxo dos dogmas constitucionais trazidos pela CRFB de 1988, entretanto defende ideias excessivamente limitadoras da função estatal de persecução criminal. Para além dos estudos sintáticos (*como* e *dever ser*) da investigação criminal no processo penal brasileiro, Lopes Jr. (2013, p. 255) avança no estudo do objeto (seu nível de cognição), fundamento e atos do fenômeno. E para nosso estudo, o objeto da investigação criminal assume singular interesse.

Suas contribuições esbarram no fato de ignorar a realidade jurídica, social, econômico, cultural e geográfica do Brasil ser diferente dos modelos processuais europeus, por isso, também, desassocia do *ser* e *como é* o fenômeno no Brasil, suas vicissitudes e especificidades.

Posição de vanguarda, com a qual corroboramos, é defendida por **Francisco Sannini Neto** (2016, p. 293 - 2009, p. 8), em que a investigação criminal preliminar constitui direito fundamental do indivíduo e cristaliza na devida investigação criminal constitucional, defendendo que a investigação criminal representa um obstáculo a ser superado pelo estado e funciona como filtro processual. O autor (2016, p. 294) afasta o reducionismo que a investigação criminal é procedimento inquisitivo, "sem qualquer compromisso como os direitos fundamentais das pessoas envolvidas nesta indispensável fase da persecução penal", por isso, defende a participação da defesa nesta fase, reforçando os princípios constitucionais do contraditório e ampla defesa na investigação criminal, na exata medida que não prejudiquem a eficácia da mesma.

Nessa novel e atualizada concepção de investigação criminal constitucionalizada, caminha também Henrique **Hoffmann** Monteiro de Castro (2016, p. 2), afastando-se do tradicional modelo de uma investigação criminal com caráter informativo, administrativo e unidirecional, ao revés, "o Estado-Investigação nada mais é do que um meio cuja finalidade consiste na garantia de direitos fundamentais". Para o autor ela "é o ponto de partida para uma persecução penal bem-sucedida, que atenda ao interesse da sociedade de elucidar crimes sem abrir mão do respeito aos direitos mais comezinhos dos investigados." Acrescenta, "revela-se como instrumento que legitima o uso da força do Estado e se consubstancia como verdadeiro freio ao poder punitivo, que precisa ficar amarrado a rígidos limites".

Contributos importantes são apresentados por Manuel Monteiro **Guedes Valente** (2014, p. 278 ss), com perspectiva jurídica, mas influenciado por uma ciência policial que encampa uma cientificidade da atuação policial nos âmbitos doutrinários, filosóficos e ideológicos, além do jurídico, técnico, tático e laboratorial.

Guedes Valente (2012, p. 373) conceitua a investigação criminal como um processo de procura de indícios e vestígios que indiquem e expliquem e nos façam compreender *quem, como, quando, onde* e *porquê* foi cometido determinado crime, acrescenta que isso ocorre no encontro de prova conseguida e contraprovas aceites, mediante processo padronizado e sistemático segundo as regras jurídicas que travem o poder de quem dele pode abusar.

Com cariz processual e ampliada que abrange o sujeito, forma, objeto e elementos deontológicos, o autor citado (2012, p. 381) considera que "a investigação criminal compõe-se de atos juridicamente pré-ordenados que são praticados por grupos de pessoas legal e legitimamente autorizadas, que seguem um modelo padronizado e sistemático, e que irão dizer se existiu ou não um crime, determinar os autores e reunir as provas necessárias a uma decisão, e deve obediência, entre outros , aos princípios da isenção e da objetividade".

Apesar de acentuar sua função preparatória, preservadora e instrumental ao processo penal, avança defendendo que a investigação criminal tem como fim último a realização do direito nas prossecuções de defesa da sociedade, enfim, a promoção da aplicação da lei ao caso concreto (Guedes Valente, 2012, p. 376-377).

Significativo e inédito no Brasil são os estudos de Eliomar da **Silva Pereira** sobre investigação criminal, com destaque para os fundamentos científicos da disciplina desenvolvidos em *Teoria da investigação criminal* e *Investigação, verdade e justiça: a investigação criminal como ciência na lógica do estado de direito*. Esta obra juntamente com *Saber e poder: o processo (de investigação) penal* constituem obras de referência com profunda análise dos fundamentos do tema, alicerçados aos auspícios da filosofia do direito, teoria do conhecimento, constitucionalismo e processo penal ancorados em pensadores contemporâneos e atualizados. O autor coloca a investigação criminal como assunto chave para a compreensão de um processo penal democrático e garantista.

Ao iniciar a referida primeira obra, o autor (2014, p. 15), numa perspectiva jurídica e teleológica, define a investigação criminal com a "pesquisa orientada a estabelecer a verdade fática acerca de uma lesão penalmente relevante a um bem jurídico decorrente de conduta humana".

Considerada pelas origens históricas da disciplina, Silva Pereira defende a investigação criminal em sentido amplo, como "disciplina acadêmica que se dedica ao estudo das formas como os crimes são praticados (*modus operandi*), as provas que são necessárias à demonstração de sua prática, e o método e as técnicas utilizadas na obtenção dessas provas, sejam elas referidas a coisas ou pessoas" (2014, p. 35). Observa-se uma definição que leva em conta aspectos fenomenológicos e, portanto, resgata elementos conceituais forjados por Hans Gross.

Já numa perspectiva científica, lógica e pragmática, a investigação criminal é sintetizada "como pesquisa orientada cientificamente na solução de problemas práticos", mas que não é ainda uma ciência, embora reconheça uma racionalidade científica e esteja próxima da ciência, ela está sujeita à crítica pela relação entre saber e poder subjacentes (Silva Pereira, 2014, p. 35). Em *Saber e poder: processo (de investigação) penal* o autor destaca a relação de poder que perpassa todo o processo penal, inclusive a investigação criminal é vista como integrante do processo, tornando necessário analisá-la honestamente considerando aspectos axiológico, político, ético e jurídico-penal.

Com perspectiva científica geral e numa lógica pragmática, Silva Pereira (2010, p. 87) conceitua a investigação criminal como uma "atividade pragmática e zetética por essência, é uma pesquisa, ou conjunto de pesquisas, administrada estrategicamente, que, tendo por base critérios de verdade e métodos limitados juridicamente por direitos e garantias fundamentais, está dirigida a obter provas acerca da existência de um crime, bem como indícios de sua autoria, tendo por fim justificar um processo penal, ou a sua não instauração, se for o caso, tudo instrumentalizado sob uma forma jurídica estabelecida por lei".

Vemos, nos escritos de Silva Pereira os contributos trazidos da teoria da ciência, que ampliam e enriquecem a disciplina da investigação criminal e a situa no contexto geral das investigações científicas, indicando nela a existência de um campo de saber em desenvolvimento que não é alcançado por outros ramos.

2.12 A INVESTIGAÇÃO COMO DISCIPLINA CIENTÍFICA AUTÔNOMA

Alinhamo-nos a Gómez Colomer (2003, p. 01-14) quando ele defende que o modelo policial investigativo deve favorecer uma formação cultural e técnica, uma formação jurídica excelente que abranja o direito penal, processual penal e constitucional, com cursos de atualização frequentes, com destaque para as novéis decisões das cortes superiores sobre temas afetos à atividades policial, assim como às correspondentes inovações doutrinárias, que propiciem uma atuação atenta aos preceitos liberais protetores dos direitos da personalidade humana, mas com pleno domínio de quando pode atuar ou não; quando pode deter ou não;

como deve investigar; que enfoque tático deve adotar frente a macrocriminalidade organizada; e quais são os limites de sua atuação frente aos atos intromissivos aos direitos fundamentais, aos quais agregamos os imprescindíveis conhecimentos sobre criminologia, criminalística como sinônimo de investigação criminal, direitos humanos, direito policial, ciências policiais e tecnologias.

É preciso pensar sobre uma fundamentação da atuação investigativa da polícia. Quanto mais científica uma investigação for, mais justa será. Afirma Guedes Valente que "[...] o trabalho de polícia deve ser cada vez mais científico - jurídico, técnico, tático, laboratorial - para evitar que a descrença do cidadão no direito penal seja refraccionada sobre a deficiente actuação policial" (2010, p. 15).

A falta de interesse por um campo cognitivo próprio para a investigação criminal pode ser atribuída a vários fatores, destacando-se a incomum prevenção contra temas de polícia por parte dos filósofos do direito, dos epistemólogos e da academia, nesta linha, Laudan (2007, p. 16) defende que a base epistemológica e os métodos de investigação da busca da verdade e a geração de provas no processo penal, merecem um lugar de destaque nas teorias filosóficas, chegando a protestar que "tem sido sistematicamente ignorado pelos grandes teóricos deste âmbito". Outra variante significativa tem sido a incapacidade teórica e a falta de engajamento das academias de polícia na pesquisa, já que se preocupam mais com a formação policial básica e a formatação e difusão de técnicas investigativas, ignorando as questões epistemológicas e o desenvolvimento de teorias de base de cunho criminalístico e criminológico.

Concordamos com o pensamento do epistemólogo Luiz Henrique Dutra (2001, p. 129) quando sustenta que "[...] o conhecimento em geral é retratado como algo passível de ser claramente definido, no caso do conhecimento científico, as teorias tradicionais do método e da investigação almejam uma caracterização geral dos procedimentos que fazem com que uma investigação seja científica, pelo menos no que diz respeito ao conhecimento validado, isto é, ao conhecimento que pode ser legitimado por meio de um método de justificação ou reconstrução racional".

O contexto descrito acima desperta interesse para o estudo da matriz teórica da investigação criminal, ou seja, o conjunto de conceitos operativos que informam a disciplina, já que estamos diante de uma gama estruturada de questões que se traduzem na problemática teórica posta acima, não enfrentadas a contento por outras áreas do saber.

No processo de desenvolvimento cognitivo de determinada realidade, as disciplinas se socorrem da epistemologia e da lógica para formular e organizar seus conceitos, assim podemos destacar a historiografia, o jornalismo e a medicina, que lidam com indícios e sinais, e designadamente com fatos ou fenômenos da vida social da mesma maneira que a investigação criminal. Tais disciplinas dialogam com os construtos teóricos da metodologia científica amplamente estudados e aplicados nas ciências naturais e nas ciências sociais, não havendo razão para a investigação criminal não se servir de todo manancial teórico disponível, útil para a compreensão e desenvolvimento da matéria em vários aspectos, deixando de lado os procedimentos baseados apenas no empirismo e no senso comum. Com isso, a atividade persecutória criminal poderá se qualificar e poderá produzir conhecimento sobre sua realidade de maneira mais técnica e livres de preconceitos e estigmas, lembrando que estes constituem pontos de partida para o cometimento de abusos e injustiças indescritíveis ao cidadão e à sociedade.

A investigação policial está muito próxima da investigação científica, uma vez que adota os procedimentos desta e maneja problemas advindos da realidade social para o qual se formulam hipóteses, empreende a busca de dados sobre o problema, e ao final procede à validação das conclusões obtidas do confronto das hipóteses com os dados recolhidos, atentando à particularidade indeclinável da investigação policial ter como objeto o *crime* concebido juridicamente, e ter como finalidade a *solução de conflitos* através do *sistema jurídico-penal* que persegue a *verdade* dos fatos da realidade social, mas submetido a um sistema de regras contraepistemológicas que limitam o procedimento cognitivo, entretanto, tais particularidades não são aptas a inviabilizar a *investigação criminal científica*, considerando que os demais ramos do conhecimento enfrentam problemas parecidos.

Todo este procedimento lógico e complexo da investigação criminal, pode ser abstraído da mesma forma que a investigação científica em vários momentos, conforme ensina Hempel (1974, p. 23): "1) observação e registro de todos os fatos, 2) análise e classificação destes fatos, 3) derivação indutiva de generalizações a partir deles, e 4) verificação adicional das generalizações".

Vários autores reconhecem que a estrutura de uma investigação científica "é semelhante à estrutura ponderada de problemas da vida cotidiana", como assinala Kneller, resguardadas as divergências no que toca ao contexto de investigação e as técnicas a serem utilizadas, que diferem nas várias áreas. Tal autor (1980, p. 98) chega a concluir que o conhecimento científico consiste em "conhecimento empírico - dados, esquemas de classificação, generalizações e leis descrevendo padrões entre coisas e eventos - e conhecimento teórico dos mecanismos ou causas que produzem esses padrões".

Em seu programa de investigação pragmática, Dutra (2001, p. 153) rechaça o monismo metodológico na investigação científica, mas acentua a existência de traços gerais em toda investigação científica e em toda investigação, havendo apenas diferenças de grau de precisão e rigor, maior ou menor nível de profissionalização, já que todas produzem e aperfeiçoam sistemas e crenças (2001, p. 131), ao mesmo tempo tal autor defende de maneira veemente e convincente a possibilidade de assimilar o contexto de descoberta ao contexto de justificação, recusando a delimitação de construções científicas somente na fase de justificação ou de validação da crença derivada do processo de conhecimento.

Por sua vez, Dewey propugna a identificação dos elementos constituintes da situação problema, passando-se para uma fase observacional que enseja a formação de uma ideia materializada em significados ou proposições, e sobre este são desenvolvidos raciocínios ou discursos racionais que conduzem a verificação e a formação de material probatório explicativo. Filiamo-nos à definição geral de investigação pragmática desenvolvida por Dewey (1980, p. 58) consistente na "transformação dirigida ou controlada de uma situação indeterminada em uma situação de tal modo determinada nas distinções e relações que a constituem, que converta os elementos da situação original em um todo unificado". Ela representa bem o processo investigativo criminal.

O conhecimento policial é muito influenciado pelo processo lógico indutivo, aquele que parte do particular para o geral, no qual pela amostra de um fenômeno se propõe generalização de uma coleção, de uma parte para o todo. Pelo processo indutivo são feitas observações do fenômeno e construídas hipóteses explicativas. Ele pode levar a erros e, no caso da investigação criminal, pode produzir hipóteses criminais equivocadas, mas, conforme ensina Peirce, a indução quando bem empregada pode levar a uma aproximação da verdade.

Os contributos de **Peirce** para a teoria da investigação foram muitos significativos. Para este autor (2008, p. 67), a investigação são as tentativas feitas para a passagem de uma situação de dúvida para a crença. Denota-se um raciocínio similar ao empregado na definição generalista de John Dewey. Peirce defendeu a existência de três tipos de inferências ou raciocínios ou argumentos, com três estágios interdependentes e entrelaçados da investigação científica: abdução, indução e dedução.

Peirce desenvolveu a abdução como estágio inicial da investigação, na qual o investigador elabora e escolhe hipóteses explicativas para um conjunto de fatos surpreendentes ou fato isolado, que desperte curiosidade. A abdução é o processo pelo qual brota, engendra-se uma hipótese ou conjectura, diante de um fato surpreendente.

Vemos nos estudos peirceanos, assim como Dutra, Eco e Dewey, que o processo de descoberta é passível de construção lógica e não está relacionado apenas a processos imaginativos ou processos psicológicos, à adivinhação, ao acaso, ao *insight*, a intuição, como defendem Popper e Reichenbach, ou seja, há uma lógica interna no processo de construção de hipóteses na fase inicial da investigação. A abdução será estudada mais pormenorizadamente no capítulo sobre o método da investigação.

A **indução** é um raciocínio de particulares para uma regra geral, ela classifica, comprova, não adiciona nada no raciocínio, no máximo corrige o valor de uma razão ou modifica levemente uma hipótese de um modo que já havido sido contemplado como possível, ela busca fatos. Ao passo que a **abdução**, é o raciocínio de efeitos para a causa, é explicativa, preparatória, busca teorias ou hipóteses.

A lógica não fornece regras precisas para a elaboração de inferências, de métodos investigativos, mas ela apoia sobremaneira a crítica dos argumentos produzidos no processo de investigação, quando o investigador tira suas conclusões baseadas em premissas e provas, ou seja, quando o investigador já produziu hipóteses sobre o evento investigado e está manejando o apoio que se dispõe, os indícios possíveis ou disponíveis, as provas angariadas e as faltantes. Além disso, o processo de inferência resultante da abdução orienta de forma robusta a fase de descoberta e a formulação de hipóteses na investigação policial, chegando a constituir a base do processo investigativo e da teoria da investigação criminal, que deve ser manejado com os contributos do falibilismo de Popper.

No contexto de descoberta – aquela fase inicial da investigação que ainda não dispõe de uma hipótese investigativa, quando carece de indícios definidos ou eles são imprecisos ou descoordenados – o investigador já pode aplicar raciocínios e inferências germinais explicativas para o evento, como no preenchimento de um jogo de palavras cruzadas apresentado por Susan Haack, ou na analogia das cordas formulado por

Peirce, ou seja, é nesta fase que o investigador exercitará sua habilidade abdutiva com perguntas tentativas, conjecturas, com hipóteses explanatórias simples e natural.

Então, não aderimos à corrente que defende que o contexto de descoberta, ou o processo cognitivo de inferência, é uma atividade psicológica, que depende da criatividade e da imaginação apenas. O processo abdutivo desenvolvido por Peirce oferece esteio racional para a fase de descoberta da investigação criminal, como vimos acima.

Toda atividade de investigação de fatos desconhecidos - sem definição de seus contornos, a autoria, os elementos materiais e suas circunstâncias -, serve-se da doutrina dos indícios e toda construção sobre prova indiciária e prova indireta, com apoio da lógica, através da abdução, indução, dedução, analogia, raciocínios, máximas de experiência ou leis das ciências sociais e naturais.

Conforme assinalamos no início deste trabalho (tópico 2.6), e para efeitos didáticos, há que salientar que a investigação criminal pode alcançar duas principais situações do mundo fenomênico, uma se refere a **fatos desconhecidos** que requerem desvelamento de suas variáveis objetiva, subjetiva, espacial, temporal, causal, modal. Outra situação trata de fatos com alguns elementos delineados de forma completa ou incompleta, os quais já contam com **hipóteses, provisórias definidas**, mas requerem processo de validação por meios de provas, além de sua documentação. A primeira situação se insere no contexto de descoberta, a segunda no contexto de justificação.

Vimos acima elementos historiográficos sobre a investigação criminal, quando tratamos dos estudos produzidos por Hans Gross e outros autores dos primórdios da disciplina. Eles informam sobre seu surgimento no século XIX, e de lá para cá as fronteiras da disciplina evoluíram, alguns ramos se autonomizaram, mas continua havendo uma gama de conhecimentos específicos sobre o qual a investigação criminal desenvolve suas pesquisas, como veremos no capítulo sobre seu objeto. Nos referimos a um núcleo firme de temas criminais, a um sistema de referência próprio que inevitavelmente faz escolhas e recorta aspectos da categoria *crime*, para desenvolver suas pesquisas, tomando emprestado o sistema jurídico para balizar os limites do ato investigativo e para definir os contornos do evento investigado, ao final do processo investigativo.

2.13 CONCEITO EXTRAÍDO DE UMA TEORIA DA INVESTIGAÇÃO CRIMINAL MODERNA

Investigar tem sido ao longo da existência humana componente de progresso da sociedade, já que o ser humano é movido por constantes desafios de perscrutar pela compreensão dos fenômenos, das coisas, da substância, da natureza e da dinâmica do devir rotineiro ou não rotineiro. Susan Haack (1997, p. 295) chega a dizer que todos os homens possuem "uma disposição para investigar, para fazerem-se perguntas, para tratar de compreender as coisas, faz parte de nosso modo de ser, embora não seja, para muitas pessoas, uma parte importante".

Na rotina de seu trabalho, o investigador especializado desenvolve estratégias para compreender, identificar e enfrentar o crime, ele vê mais longe que o leigo ou ao policial não especializado, da mesma forma são desenvolvidas habilidades para solução dos casos, com certo grau de sistematização. É a capacidade de penetração mais efetiva no cerne do problema, àquela habilidade empática combinada com precisão analítico, conforme Scheibe (*Apud* Sebeok T. A. e J. U. Sebeok, 2014, p. 53). Por exemplo, há policiais que desenvolvem e aprimoram habilidades para reconhecer adulteração automobilística. Outros policiais especializados identificam vestígios de lavagem de dinheiro ao observar sinais exteriores de riqueza em determinadas situações. Isso permite uma otimização da ação policial, com economia de meios e menor invasão na intimidade do cidadão, ou seja, a redução dos custos sociais do trabalho policial. Nestes casos, as habilidades policiais ficam manifestas e otimizadas, mas deve ser fundamentada em critérios éticos e deontológicos, à luz da técnica policial, mas, também, sob observância dos limites e formas jurídicas aplicáveis às situações.

Pela investigação o homem acede aos dados de uma realidade, que permitem ao espírito humano a compreensão de matéria desconhecida ou que carece de explicação. É o problema da vida a requerer conhecimentos sobre seus elementos, para, se for o caso, subsidiar uma decisão segundo modelos oferecidos pelos ramos da inteligência humana.

Este processo epistemológico orienta a ação humana, assim como orienta o pensamento científico e pragmático. Nos mais variados ramos das ciências e das atividades humanas, como manejam questões advindas do mundo fenomênico ou da natureza, deparamos com etapas comuns a todas elas, inicialmente se constitui o *problema,* para o qual se formula *hipóteses* explicativas, para em seguida empreender a *busca de dados* sobre o problema e, ao final, procede-se à *validação* das conclusões obtidas do confronto da hipótese com os dados recolhidos.

Os modelos cognitivos variam conforme o autor ou área do saber humano, por exemplo, na história Aróstegui (2006, p. 436) adota as seguintes operações cognitivas historiográficas: hipótese prévia, observação ou descrição sistemática, validação ou comprovação, e explicação. O modelo histórico se aproxima da investigação criminal, em virtude de ambos manejarem fatos históricos do passado, sobre os quais o investigador desenvolve seu labor científico, mas apresenta objeto, finalidade e contexto diferentes.

De maneira singela e objetiva, podemos afirmar que a *investigação criminal ampla* consiste em procedimento metódico e regulado empregue no conhecimento de um evento criminal, que proporciona ao sujeito cognoscente informações sobre o mesmo, e que lhe permite o encaminhamento de uma solução, seja ela parcial provisória ou definitiva. O desconhecido pelo espírito humano carece de informações dimensionadas quanto ao sujeito, ao espaço, ao tempo, a causa (elemento volitivo) e a reprovação jurídico-penal, conduzindo o criminalista ao processo cognitivo explicativo para o evento problemático da vida.

Com *acepção policial*, investigar é descobrir algo, o autor de crime, os elementos sensíveis deixados pelo criminoso, as circunstâncias e a motivação do evento. É a busca do dimensionamento do efeito e do dano provocados pelo agente e a indicação provisória da responsabilidade penal.

Investigar é descobrir, e a descoberta se refere à busca de dados que comporão uma base, as informações e os elementos observacionais deixados nos objetos, coisas, lugares e pessoas, em suma, os vestígios e indícios sobre os quais se desenvolve procedimento de triagem, separação e descarte, seguido de operação racional lógica que considera as interações causais simples e complexas, os efeitos e as intenções do agente, a possibilitar uma conclusão sobre uma hipótese e a formulação de um enunciado fático com repercussão criminal.

O conceito de investigação criminal constitui a síntese de toda atividade de observação, pesquisa, identificação, seleção, depuração e análise reconstrutiva dos elementos objetivos ou subjetivos de um fenômeno criminal, também compreendida pelas noções de averiguação e esclarecimento (Pabon Gómez, 2007, p. 162).

O conceito mais elementar, de cunho científico, que oferece subsídios para qualquer estudo sobre investigação criminal, é o seguinte: é o conhecimento de crime para sua repressão. Este conceito será trabalhado por nós nas reflexões ao longo desta obra, quando também indicaremos seus complementos: objeto, função, método, características etc.

Como se trata de procedimento metódico que cristaliza fatos da vida social, tornando-o conhecido, acrisolado para a comunidade jurídico-política, o ato de investigar está intrinsecamente associado ao seu registro e comunicação, produzindo-se memória ao fato histórico investigado. Com isso, denota-se que, necessariamente, simultaneamente ao ato de investigar é imperioso que se instrua a diligência investigativa, por vezes, seguindo-se procedimentos e formas legais, que permitem verificar a validade e a legitimidade do ato comunicado a terceiros, o magistrado, o promotor ou procurador, o advogado, o investigado, o controle interno institucional e, até mesmo, a sociedade através do controle democrático que confere transparência aos atos estatais. Denota-se, então, que o registro é essencial para a investigação e não pode se afastar do quadro de referência jurídico-penal.

Locard (2004, p. 287) já defendia que "observar não é olhar ao acaso e tomar nota do que solicita e agarra a vista, é proceder à investigação metódica, seguindo um plano estudado; é mais procurar e descrever com detalhe tudo o que poderá servir para resolver o problema criminal. A observação deverá, portanto, ser precisa, minuciosa e imediata".

Afora as medidas processuais citadas, a investigação criminal gera interesse à administração policial e ao desenvolvimento criminológico-investigativo. Agrupada e individualmente o conteúdo da investigação criminal é visto como produto e como atividade. Como *produto* ela permite analisar o processo de solução de conflitos por intermédio do esclarecimento do evento criminal e sua utilidade para a finalidade que se possa prestar, a compreender a atividade de gerência administrativa da mesma. Constitui a atividade de administração de meios, conhecimentos e pessoas no processo investigativo, hábil à consecução de um produto final.

Analisada como *atividade* ou processo, observamos a organização sintática da investigação, ou seja, a forma de organização das atividades que resultam na formulação de uma hipótese ou na imputação de um crime a um agente. Cuida-se do encadeamento das medidas investigativas dentro da lógica investigativa operacional, tática e estratégica, a compreender o conhecimento do evento criminal, a coleta, análise e interpretação de informações e vestígios sobre o fato, a localização e obtenção de fontes de provas, observadas as limitações jurídicas e éticas pertinentes.

Sannini Neto defende que a investigação criminal representa um obstáculo a ser superado pelo Estado-Investigador, como vimos *supra*, e escorado em Fernando Gil defendemos em outro momento (Santos, 2013, p. 144-145), que as hipóteses e as provas devem ser submetidas a um constrangimento, ou seja, a prova deve ser corrigida, coarctada, constrangida, examinadas exaustivamente quanto a sua condição de objetividade e sua condição de esteio, para isso as garantias se constituem em constrangimentos impostos à evidência. Este procedimento, quiçá postura epistemológica, de constrangimento probatório, exercitado tanto na fase investigatória como na fase de debate processuais, avaliará a correção dos procedimentos investigativos desenvolvidos na fase preliminar, se os direitos fundamentais, a intimidade e as liberdades públicas do investigado não foram arranhados, ou até mesmo atropelados pelo órgão investigador.

Esse constrangimento das provas nada mais é que a falseabilidade dos enunciados gerados por um conjunto de provas, a seguir os ensinamentos de Karl Popper (1992), quando defende a submissão da hipótese à crítica, à testabilidade, à corrigibilidade, à refutações pelo investigado ou seu defensor, já que o erro é uma "realidade endógena, exógena, ôntica e ontológica e que a solução apresentada acarreta a falibilidade inerente ao ser humano" (Guedes Valente, 2011, p. 55). A falseabilidade compreende a existência de informações verificáveis pelas provas colhidas na investigação criminal, mas, embora ela encontre ambiente favorável ao seu exercício na fase de instrução e julgamento, o falsificacionismo deve ser uma postura constante do investigador policial na construção das hipóteses sobre o evento criminal, como observa Eco (2014, p. 241), "a certeza oferecida pela abdução não exclui o falibilismo que domina toda investigação científica". Cabe ao investigador exercer contínua crítica às fontes de provas, aos mecanismos para seu conhecimento e apoderamento, que considere os valores epistêmicos e éticos assegurados juridicamente.

Com os estudos desenvolvidos até este momento, sobre o conceito da investigação criminal, somos conduzidos a defender a sistematização de uma matriz científica peculiar para a investigação criminal, com problemas próprios derivados da realidade social, incumbida de estudar as técnicas da prática do crime e os métodos para investigá-los, visando esclarecer a verdade de fato criminal.

No bojo de seus estudos, a investigação criminal apresenta várias abordagens, por exemplo, a jurídica, a administrativa, a criminológica, as quais serão analisadas pormenorizadamente no estudo de sua tipologia (tópico 5.6), em capítulo próprio, cujos tipos dependem da especificidade do objeto pesquisado. Entretanto, já sinalizamos que o objeto da investigação criminal não é apenas o crime, como defendido pela doutrina, mas aquele fato anômalo aflorado da realidade social, envolto em violência ou fraude grave, aquele fato surpreendente, aquela situação problemática, conforme os ensinamentos da teoria geral da investigação, recenseados acima.

2.14 AFINIDADE DA INVESTIGAÇÃO CRIMINAL COM OUTROS SABERES

Vimos que o paradigma indiciário influenciou a formação de diversas disciplinas no século XIX, principalmente da medicina (tópico 1.1). Em continuidade ao estudo da dimensão semântica da investigação criminal, torna-se necessário analisarmos agora sua afinidade e/ou a diferença em relação a outras disciplinas: inteligência, medicina, historiografia, investigação científica e hermenêutica, com destaque para a denominada inteligência policial.

A *inteligência*, em acepção ampla, constitui o processo identificação, coleta e processamento de informações, a fim de subsidiar o processo decisório de um demandante. Numa acepção mais restrita é considerada a obtenção e o manejo de informações sem conhecimento ou consentimento dos sujeitos alvos da ação, portanto, compreende o segredo, o dado negado ou oculto (Cepik, 2003, p. 28). Equivocadamente, tornou-se comum empregar o vocábulo inteligência como *sound-bite* agradável e de fácil consumo, que se encaixa no pensamento da pós-modernidade, complexa e tecnológica, ao mesmo tempo em que serve para tudo acaba não servindo para nada, é vazia e segue o balanço frágil do modismo momentâneo. Portanto, o conteúdo da inteligência é visto de forma indeterminada, por que não dizer, chega a ser indiscriminado ao gosto da corrente nominalista[5] do momento.

No âmbito policial, prosperou a segunda acepção com clara confusão conceitual entre investigação criminal e inteligência, marcadamente devido à característica do sigilo em ambas e em virtude de tropismo conceitual influenciado pela ideologia militar que se migrou, e insiste migrar, para a disciplina da investigação criminal, agora com inequívoca influência da doutrina de "combate" ao terrorismo, que se espraia para outros fenômenos criminais, com destaque para a criminalidade organizada, inclusive sob a inspiração de documentos produzidos por organismos internacionais.

Na investigação criminal torna-se desnecessário e, até mesmo ilegítimo, adotar técnicas supostamente geradas pela "inteligência". A investigação criminal ao longo do tempo desenvolve técnicas e doutrinas próprias para sua atividade, com apoio de outras disciplinas, chegando a constituir um ramo especializado do saber humano com objeto e métodos próprios, inclusive, com racionalidade específica no processo de descoberta, angariação, custódia e processamento de informações, vestígios e fontes de provas, algumas delas com o inexorável sigilo como prática operacional, tática e estratégica, necessárias e legítimas para a consecução de suas atividades operacionais, contudo, isso não a transforma em atividade de inteligência.

---

5 Nominalismo é a doutrina em que as ideias gerais são apenas nomes sem constituir uma realidade fora do espírito ou mente. Nada fora da alma é universal, se resume a nomes que podem ser atribuídos livremente (Abbagnano, 2003, p. 715).

Defendemos que a investigação criminal deva empregar os conhecimentos e técnicas de outras áreas do conhecimento, como a ciência da administração, tecnologia da informação, ciência política, economia, ciências naturais etc., mas, sem perder de vista as orientações jurídicas inerentes ao processo investigativo e o núcleo duro específico que compõe a ciência da investigação criminal, ou seja, o universo da ciência policial. A investigação criminal, como qualquer atividade, embora colha saberes externos, opera com direitos individuais, mandato legal, deveres, bens jurídicos vitais e valores próprios, desenvolve procedimentos específicos na entrada, manejo e conservação de insumos para o processo interno de produção do produto[6], dentro da racionalidade que orienta seu estoque de conhecimento científico.

Com isso, não afastamos a colaboração da "inteligência" para com a investigação criminal, com alguns conhecimentos geralmente nela tratados (mas também por outros ramos), *v.g.*, teoria do caos, teoria da complexidade, conceitos da relatividade geral e da mecânica quântica, técnicas de processo de informação etc., salientando que aquela é orientada por secretismo, pelo desconhecimento do devido processo legal estritamente regulado e pela presença do inimigo. Ademais, a investigação criminal poderá operar com sigilo, mas com transparência democrática e finalística bem definidas. Também, deve observar rigorosamente a regulamentação processual em sua atividade, a forma, o meio, ante os bens e interesses que protegem, e, notadamente, quando se promove o indivíduo como cidadão portador de direitos individuais e liberdades públicas.

Curiosamente foi na ***medicina*** que a arte de investigar se desenvolveu e floresceu como apurado por Carlos Ginzburg na obra *Mitos, Emblemas, Sinais: Morfologia e História* em que apresenta magistral pesquisa intitulada *Sinais: raízes de um paradigma indiciário*

---

6 Usamos aqui a linguagem corrente na ciência da administração para realçar a especificidade da investigação criminal.

(1989, p. 143-180), e faz levantamento histórico do *paradigma indiciário*, que remonta ao período do homem primitivo que sobrevivia como caçador, quando aprendeu a ler os sinais deixados pela presa. Neste período também o homem passou a narrar uma história e, com o passar do tempo, chegou-se aos estudos de Giovani Morelli, em 1874 a 1876, quando surgiram artigos sobre o método para descobrir cópias de uma pintura, o qual se concentrava na observação dos detalhes que o artista desconsidera e são despercebidos pelo copista, tais como lóbulos das orelhas, unhas, formas dos dedos das mãos e dos pés etc., permitindo chegar a uma realidade complexa não experimentável diretamente, ou seja, um saber venatório assemelhado a fisiognomonia[7]. O método Morelliano foi seguido por Freud na psicanálise, ao observar os dados pouco notados, os refugos de uma observação; e por Conan Doyle nas aventuras do personagem Sherlock Holmes, desenvolvendo-se riquíssima literatura sobre os métodos de investigação criminal; na medicina que trabalha com os fundamentos trazidos por Hipócrates baseados no sintoma, pelos quais se permite elaborar o contexto da doença.

Daquele saber com nuances divinatórias, inicialmente empregado pelos adivinhos, se evoluiu para um saber que excluía a intervenção divina, e no caso da medicina surgiu o paradigma semiótico[8] ou indiciário que influenciou outras disciplinas, passou-se a trabalhar com os sintomas (*semeion)*, com a observação, comparação, classificação e registro minucioso dos sintomas dos quais se chegava a um diagnóstico de uma moléstia do passado ou que eclodiria no futuro (Ginzburg, 1989, p. 143).

O saber médico é indiciário como vimos acima, é individual, qualitativo, conjectural já que a doença em si é inatingível, da mesma forma

---

[7] Fisiognomonia ou fisiognômica é a interpretação do caráter ou dos hábitos psicológicos a partir das características corporais, conforme Ferramater Mora, *Dicionário de Filosofia*, p. 1126.

[8] Segundo Nicolas Abbagnano, em seu *Dicionário de Filosofia*, p. 860, semiótica indica entre as acepções de seu termo "a ciência dos sintomas em medicina".

que outros saberes tal como o direito, a historiografia, a política, a psicanálise e todas as ciências humanas, isso inevitavelmente lhe retira o caráter quantitativo e sua capacidade preditiva universal, então, lhe confere rigor científico *sui generis* diferente das ciências da natureza.

Também há analogia entre o procedimento cognitivo ***historiográfico*** e o investigativo criminal. Ambos trabalham na reconstrução de um fato individual do passado, não repetível e não conhecido diretamente, levando ao conhecimento dos fatos, com apanágio de verdade, pelo uso de provas indiretas. Em suma, o historiador e o investigador criminal buscam a verdade histórica de fatos, ou seja, o conhecimento de fatos precisos, individuais e passados. Também, a investigação historiográfica e a criminal são investigações ideográficas, isto é, tem a finalidade de conhecimento de fatos únicos e irrepetíveis, diferentemente das investigações nomoéticas possuem a finalidade de estabelecer leis gerais referentes a eventos repetíveis.

O que mais aproxima a pesquisa histórica da investigação criminal é que ambas lidam com o fato histórico do passado, portanto uma investigação ideográfica. Contudo, como se verá ao longo desta obra, defendemos uma ampliação do conceito de investigação, que abrange também fatos do presente e fatos do futuro, com os temperamentos que devem ser observados. Isso, pode à primeira vista aparentar uma reconfiguração conceitual, mas em verdade apenas resgata o conceito original dela, consistente em conhecer a forma como o crime é praticado e investigado, ou seja, a teoria da técnica de execução dos crimes ou dos fenômenos de realização dos atos, que representa um conjunto de teorias que versam sobre o esclarecimento dos fatos criminais, porém, podem ser fatos do presente ou do futuro.

Na própria história já se vê novas propostas com maior abrangência e que transcendem o requisito cronológico, observado na visão clássica, propondo que o tempo objeto de análise não é somente o passado, mas também o presente. É a denominada história do presente, ou, história vivida, ou, recente, ensina Aróstegui (2006, p. 241 ss). Ela tem uma inclinação interdisciplinar e inova no seu espectro ao lado da história oral e da história da vida cotidiana, configurando uma micro-história, que, por sua vez, se relaciona com a antropologia histórica e a micro-sociologia. Assim como a investigação criminal que demanda inovar conceitualmente no tocante às variáveis temporal e material para atender novos cenários criminais, a história do presente é uma exigência que está implícita no novo cenário da sociedade tecnológico-comunicacional como assegura citado autor (2006, p. 244).

A investigação criminal diferencia-se da ***investigação científica*** no tocante ao propósito das investigações, segundo Bonfantini e Proni (2014, p. 138). A investigação criminal, considerada em seu processo abdutivo, objetiva retroceder de um evento específico até sua causa específica, e a investigação científica tem o propósito de encontrar uma lei fundamental com aplicação geral.

Pelo nosso conceito amplo de investigação criminal, é possível o desenvolvimento de teorias de média densidade, que se incorporam ao estoque de conhecimento institucional e auxiliam no processo de formulação e seleção de hipóteses investigativas, ou seja, a regularidade emergente de hipóteses confirmadas em casos específicos (particulares) permite a conexão entre dois fatos particulares, constituindo então o termo médio do processo abdutivo, conforme ensina Capretini (2014, p. 160). Referidas teorias equivalem aos modelos teórico e nomológico descritos por Dutra (Dutra, p. 188 ss, 2009), os quais servem de mediadores no processo investigativo.

A investigação criminal abrange o estudo da forma como os crimes são praticados e como são investigados, exigindo da função investigatória o domínio das diversas formas e tipologias criminais praticadas em determinado local, numa conjuntura temporal, social etc., para possibilitar o enfrentamento dos fenômenos, com os recursos materiais e humanos compatíveis.

A ***Criminologia*** e a investigação criminal são bastante similares, inclusive, ambas tiveram a mesma gênese em Hans Gross, como mencionamos anteriormente (tópico 2.8). A *criminologia* é uma ciência empírica e interdisciplinar que estuda o crime, o infrator, a vítima e o controle social do comportamento delitivo, segundo Molina (2006, p. 28). Muñoz Conde e Hassemer a consideram uma ciência que pesquisa a conduta desviada em geral e as formas de controle forma e informal, nela estão englobados problemas que direta ou indiretamente estão relacionados com a criminalidade, sua prevenção e controle, tal como as condutas "quase penal" e os grupos de riscos: drogodependência, prostituição, vadiagem, manejo da informática e internet, manipulação genética, os quais podem gerar interesse na reflexão de fenômenos sociais que podem gerar condutas desviadas.

Já a investigação criminal, conforme já analisado, estuda a prática do crime, os meios de execução dos delitos e a forma de esclarecê-los. A investigação criminal em sentido estrito, não visa conhecer o crime de forma geral, a fenomenologia geral ou criminalidade, as instituições ligadas a ele, mas o crime na sua manifestação particular. A investigação criminal não pretende de um caso particular chegar a teorias explicativas gerais, contudo, ela se aproxima muito da criminologia quando desenvolve teorias de médio alcance que alicerçam suas investigações. A investigação criminal pode auxiliar a criminologia e esta pode muito apoiar trabalhos investigativo, tanto na investigação de casos particulares como na destinação de meios no processo administrativo daquela.

Portanto, o investigador deve ter bom domínio de saberes criminológicos, assim como o sociológico-criminal, que o auxiliará na compreensão do crime como fenômeno social e, principalmente, na formulação de hipóteses pelo operador investigativo, assim como na tática e na estratégia para gestão de crimes agrupados.

A investigação criminal se assemelha à ***arte*** e seu processo de criação artística, já que ambas partem do particular para chegar a outro particular, de um mundo particular são atingidos outros mundos particulares, ou seja, por "uma visão individual e limitada do mundo pelo artista se atinge a experiência particular de outras pessoas e se desenvolve a visão do artista pelo contato com emoções novas" (Palma, 2014, p. 8). Na investigação criminal, o alargamento do conhecimento se dá pelo emprego de quadros mentais e lógicas previamente conhecidas por todos, em histórias conhecidas, como no caso de uma tendência do suspeito ou *modus operandi* usualmente empregados em determinados casos, como leciona Maria Fernanda Palma.

É comum depararmos com a ideia que a investigação criminal é uma arte, como Dâmaso que entende que "investigar hoje, é mais que uma técnica ou uma ciência autônoma, uma verdadeira arte" (2009, p. 321), quando se refere ao domínio técnico e tático da investigação. Procede esta afirmação? A investigação criminal é uma arte?

Entendemos que a investigação quando realizada mediante processos bem delineados, no planejamento e execução com observância de critérios técnicos, com bons resultados, pode ser vista como uma arte, devido à presença do belo, do harmônico, do agradável, contudo, esse sentido se refere à técnica. Não é incomum encontrarmos peças de inquéritos policiais, principalmente, relatórios, que empregam recursos artísticos para expressar o seu conteúdo, seja por poemas ou prosas, assim como representações gráficas. Por outro lado, ela pode ser objeto da produção artística, retratando-a das mais diversas formas: pintura, literatura, teatro, cinema etc. Todavia, a investigação essencialmente é uma técnica que se ancora em construtos científicos que lhes são próprios, como defendemos ao longo desta obra.

O aspecto artístico da investigação pode ser destacado na fase elaboração de consequências experimentais, de extração de predições virtuais de hipóteses construídas, quando a perspicácia do investigador pode influenciar no êxito da investigação. Pela predição, o investigador move uma peça do quebra-cabeça que pode levar o investigado a se revelar, a deixar pistas de sua ação, ou, logra-se encontrar provas que confirmem a hipótese, como por exemplo: a autoridade policial divulga que encontrou pista, ou comparsa, localização do produto do crime, ou, realiza uma diligência visando uma movimentação dos suspeitos etc. Nessa fase a capacidade criativa do investigador pode gerar uma ação agradável, esteticamente bela e perfeita, que pode resultar numa manifestação verdadeira, como define Abbagnano (2003, p. 106).

Por fim, a investigação criminal não se confunde com a ***hermenêutica***, esta vista como a técnica de interpretação ou a arte de compreender, ela indica as condições gerais de possibilidade da compreensão do sentido (Kaufman, 2010, p. 67). Compreende o estudo de princípios metodológicos de interpretação, elucidação e explicação de testos escritos, conforme Hegenberg (1995, p. 94).

Por sua vez, a investigação criminal não é a interpretação de fatos opacos, ela se assemelha montagem de um quebra-cabeça que exige uma "observação acurada e um conhecimento enciclopédico de modo a dispor à mão o conjunto finito e pré-determinado de imediatas e adequadas possíveis soluções hipotéticas" (Bonfantini e Proni, 2014, p. 140).

Portanto, encontramos traços similares entre a investigação criminal, a investigação científica, a historiografia, a medicina e várias disciplinas que trabalham com indícios e elementos extraídos da realidade social, podendo ser lembradas ainda o jornalismo, a linguística, a antropologia etc.

2.15 DIREITO À INVESTIGAÇÃO E DIREITO DA INVESTIGAÇÃO

Nesta altura de nossos estudos já podemos avaliar brevemente aspectos da investigação criminal no plano jurídico, explicitando-a como um direito do cidadão e como um corpo de normas jurídicas sobre a investigação. Temos então o *direito à investigação* e o *direito da investigação*, se inserindo no pressuposto que ela opera no inarredável referencial jurídico-penal, orientador do procedimento de descoberta, coleta, processamento e validação de provas.

Neste tópico não vamos realizar um estudo jurídico do direito à e *da* investigação, apenas os explicitaremos, apresentando as distinções uteis para o integral conhecimento da arquitetura investigativa criminal, com projeções que podem ser notadas no conceito, objeto, funções e tipologias da investigação.

Lembre-se que além da dimensão ora analisada da investigação criminal, com abordagem jurídica, defendemos outras dimensões para a matéria, como a investigação criminal criminológica, a administrativa, a científica ou epistemológica, as quais fornecem subsídios para a operatividade da investigação criminal *stricto sensu*. Elas serão estudadas no capítulo sobre os tipos de investigação criminal (tópico 5.6).

No **direito da investigação** observamos uma juridicidade potencial da investigação criminal, já que é uma construção jurídica, um campo específico de realização de fins do Estado de Direito, cuja existência apenas se justifica para realização destes fins, conforme Maria Fernanda Palma (2017, p. 17), contudo, essa autora não defende a existência de um direito da investigação com autonomia no sistema positivo. Se visitarmos a legislação processual penal, encontramos um corpo normativo sobre investigação bem definido, como vemos no Código de Processo Penal, na lei de organização criminosa, na lei de drogas, na lei de interceptação telefônica etc.

Por sua vez, a investigação pode ser analisada como um direito, a configurar um **direito à investigação** como categoria diversa do direito da investigação e, também, distinto de outros direitos. Ele se refere a um direito do cidadão perante a ocorrência de um crime.

Como corolário do direito à prova, nasce o direito à investigação, titularizado pelas partes, sobressaindo a atividade estatal de diligência no descobrimento do oculto, visando o acertamento da verdade, devido ao desequilíbrio da paz social provocada pelo delito. É um direito que não se restringe apenas ao Estado-persecutor, mas também é atribuído à defesa quando age no interesse de indivíduo implicado, seja ele investigado ou vítima de crime, pois é na investigação que tudo começa e termina, parafraseando o saudoso professor Sérgio Pitombo Moraes, havendo uma imbricação lógica entre: distribuição da justiça, direito de defesa com seu corolário direito à prova, direito à investigação e direito à organização e ao procedimento.

O direito à prova atinge atividade dentro do processo (endo-processual) e fora do processo (extra-processual), daí advêm a expressão cunhada por Antônio Magalhães Gomes Filho (1997, p. 86) de direito à investigação, que compreende todas as atividades desenvolvidas pré-processualmente para reunir elementos de prova, tanto pelos órgãos estatais incumbidos para tal, como pelo investigado.

O direito à prova possui a natureza de direito público subjetivo da mesma estatura do direito de ação e defesa, podendo ser desenvolvido dentro e fora do processo, imbricando no direito à investigação, pelas partes, através do levantamento dos fatos desconhecidos que possam comprovar suas alegações, mas com estrita observância da intimidade e da vida privada. O direito à investigação transcende o debate sobre o modelo de processo, se acusatório ou inquisitório, de implementação de uma política criminal ou do devido processo legal etc. Então, ele corresponde e se confunde com o direito à verdade no processo penal, cujo substrato epistêmico compreende a produção de prova que confirme uma hipótese factual.

No sistema processual português é forte o *princípio da investigação*, que se traduz no "poder-dever que ao tribunal incumbe de esclarecer e instruir autonomamente, mesmo para além das contribuições da acusação e da defesa, o 'fato' sujeito a julgamento, criando aquele mesmo as bases necessárias à sua decisão" (Dias, 2004, p. 149).

Portanto, podemos distinguir o estudo de um direito à investigação como direito ligada à cidadania do indivíduo, e o estudo do direito da investigação relacionado ao corpo jurídico positivado que trata da matéria, presentes no Código de Processo Penal e na Lei nº 12.830/13,

Lei nº 12.850/2013, por exemplo. Também, podemos dizer que há um *direito constitucional da investigação*, a conformar verdadeiro *princípio constitucional da investigação criminal*, devido ao extenso rol de princípios e regras constitucionais que versam sobre a matéria, nos arts. 1º e 5º da Constituição Federal brasileira, os quais orientam - mas, todavia, impõem restrições - ao conhecimento dos fatos penais.

Sem a pretensão de estudar o alcance, o conteúdo, a aplicabilidade dos dispositivos, transcrevemos abaixo alguns incisos do art. 5º da Constituição Federal de 1988, com pequenas notas, os quais compõem o direito da investigação:

II - Ninguém será obrigado a fazer ou deixar de fazer alguma coisa senão em virtude de lei. Corresponde ao vetusto princípio da legalidade.

III - Ninguém será submetido a tortura nem a tratamento desumano ou degradante, como consectário do princípio da dignidade da pessoa humana.

X - São invioláveis a intimidade, a vida privada, a honra e a imagem das pessoas, que se traduz do princípio de proteção da intimidade e vida privada.

XI - A casa é asilo inviolável do indivíduo, ninguém nela podendo penetrar sem consentimento do morador, salvo em caso de flagrante delito ou desastre, ou para prestar socorro, ou, durante o dia, por determinação judicial. Configura o princípio da inviolabilidade do domicílio.

XII - É inviolável o sigilo da correspondência e das comunicações telegráficas, de dados e das comunicações telefônicas, salvo, no último caso, por ordem judicial, nas hipóteses e na forma que a lei estabelecer para fins de **investigação criminal** ou instrução processual penal. Constitui o princípio da inviolabilidade das comunicações. (Destaque nosso)

XXXV - A lei não excluirá da apreciação do Poder Judiciário lesão ou ameaça a direito, sintetizado como o princípio da inafastabilidade da jurisdição.

XLIX - É assegurado aos presos o respeito à integridade física e moral, que expressa o princípio da inviolabilidade da vida e da dignidade humana.

LIII - Ninguém será processado nem sentenciado senão pela autoridade competente, correspondente ao princípio do juiz natural.

LIV - Ninguém será privado da liberdade ou de seus bens sem o devido processo legal. Considerado pela doutrina como o metaprincípio do devido processo legal.

LV - Aos litigantes, em processo judicial ou administrativo, e aos acusados em geral são assegurados o contraditório e ampla defesa, com os meios e recursos a ela inerentes. É princípio do contraditório e ampla defesa.

LVI - São inadmissíveis, no processo, as provas obtidas por meios ilícitos, conhecido como princípio da vedação de provas ilícitas.

LXI - Ninguém será preso senão em flagrante delito ou por ordem escrita e fundamentada de autoridade judiciária competente, salvo nos casos de transgressão militar ou crime propriamente militar, definidos em lei.

LXIII - O preso será informado de seus direitos, entre os quais o de permanecer calado, sendo-lhe assegurada a assistência da família e de advogado. Corresponde ao direito ao silêncio do investigado.

LXIV - O preso tem direito à identificação dos responsáveis por sua prisão ou por seu interrogatório policial.

LXV - A prisão ilegal será imediatamente relaxada pela autoridade judiciária.

LXVI - Ninguém será levado à prisão ou nela mantido, quando a lei admitir a liberdade provisória, com ou sem fiança.

LXXVIII - A todos, no âmbito judicial e administrativo, são assegurados a razoável duração do processo e os meios que garantam a celeridade de sua tramitação. Reconhecido como princípio da celeridade.

Observa-se, nestes dispositivos da Constituição Federal, vários princípios e regras que limitam a ação do operador investigativo na busca de informações sobre eventos criminais, caracterizando uma prestação negativa do Estado que postula uma abstenção do Estado-investigação para evitar uma ingerência abusiva na esfera individual do cidadão. Ela demanda uma omissão do Estado, visando assegurar um mínimo ético da personalidade do indivíduo investigado.

Em alguns dispositivos transcritos, além do mais, deparamos com prestações positivas estatais, quando são estabelecidos procedimentos para a investigação e a prisão, além de garantias aos investigados e presos, pois, como dissemos anteriormente, a busca de conhecimento de crimes pela polícia não se dá a qualquer custo.

Na configuração de um corpo sólido de direito da investigação, temos também os direitos de liberdade, segurança e justiça, previstos no preâmbulo da Constituição Federal, e os fundamentos da cidadania e dignidade da pessoa humana insculpidos no artigo 1º da carta magna. Por sua vez, no artigo 37 da Constituição Federal estão dispostos também os princípios da impessoalidade, moralidade, publicidade e eficiência.

Todo este conjunto normativo deve ser interpretado e aplicado à luz das disposições sobre atuação policial encontradas em acordos e tratados internacionais, recepcionados pelo Brasil. Podem ser exemplificados os seguintes documentos internacionais:

A Declaração Universal de Direitos Humanos, veiculada pela Resolução 217 da Assembleia Geral da Organização das Nações Unidas - ONU.

- A Convenção contra a Tortura e outros Tratamentos ou Penas Cruéis, Desumanos ou Degradantes, adotada na Resolução 39/46, da ONU.
- Resolução nº 34/169 da Assembleia Geral da ONU, que adotou o Código de conduta para funcionários encarregados de fazer cumprir a lei, que constitui um conjunto de preceitos sobre direito policial.

Portanto, podemos falar de um *direito à investigação* como direito de o cidadão ver os crimes esclarecidos e em decorrência disso, efetivar a aplicação da norma penal correlata, e para tal, cabe ao estado prover meios e estruturas organizacionais para assegurar este direito.

Ademais, há o *direito da investigação*, que estuda o conjunto de normas jurídicas afetas à atividade de investigação criminal, a conformar um corpo específico de conhecimento que orienta o trabalho do criminalista.

2.16 CONSIDERAÇÕES FINAIS SOBRE O CONCEITO DE INVESTIGAÇÃO CRIMINAL

A investigação criminal pode apresentar um conceito multívoco, ao ser apreciado sem rigor científico, desprovido de referências específicas, todavia, vimos nos estudos deste capítulo que independente do significado dado em algum momento histórico, ela possui um significado unívoco que pode ser sintetizado em *conhecer o crime para reprimi-lo*, que contempla elementos epistemológicos sem se esquecer da inafastável concepção jurídica;

Vimos que podemos colher os contributos da fase germinal da investigação criminal, hauridos por Hans Gross, revisitá-los e atualizá-los com o pensamento humanista dos últimos tempos, de maneira que permita delimitá-lo para se construir um corpo de saber integrado que compreenda aspectos jurídico, penal, constitucional, político, ético, mas, acima de tudo, fenomenológico, epistemológico e lógico, com destaque para a incorporação dos inarredáveis contributos de Charles Sanders Peirce e outros integrantes da escola pragmatistas.

Com a compreensão do significado de investigação criminal, podemos avançar para o estudo de seu objeto, depois sua função e, ao final, analisarmos seus tipos e princípios, com enfoque inovador e não castrador que geralmente é veiculado por parte da doutrina e parte dos operadores investigativos criminais.

3

OBJETO DA INVESTIGAÇÃO: CRIME

Entendemos que a investigação criminal comporta uma sistematização como uma matriz científica peculiar, com problemas próprios e específicos derivados da realidade social, não enfrentados por outros ramos do saber, incumbindo-a o estudo de técnicas sobre a prática de crimes e os métodos para investigá-los, visando esclarecer a verdade sobre o fenômeno investigado e fornecer subsídios para uma ação humana de responsabilização criminal ou não, do indivíduo implicado.

Disto se extrai que o objeto da investigação criminal é o crime, cuja ideia inicial e principal seria o crime tipificado na lei penal, no entanto podemos indagar: o objeto se limita ao crime tipificado penalmente, em qualquer fase da investigação? Poderá haver compreensão ampliativa de crime? Buscaremos nos próximos tópicos apresentar respostas para essas indagações e, também, explicitar que além do conceito penal também é necessário compreender fenômenos não tipificados formalmente como crime, os quais são alcançados pela investigação criminal.

Em nossas reflexões adotamos uma acepção epistemológica ampla de investigação criminal, mas aderente ao conhecimento científico atualizado, que nos permite afirmar que a *investigação criminal é a busca de conhecimento de crime para sua repressão.*

Principiemos pelo crime como o elemento indispensável a ser perseguido durante a investigação criminal, cujas balizas são fornecidas pela teoria do crime e pelo Código Penal. Em seguida vamos analisar algumas concepções ampliativas do conceito de crime.

3.1 CONCEPÇÃO ESTRITA DO CRIME COMO OBJETO DA INVESTIGAÇÃO CRIMINAL

O criminalista tem como pano de fundo para suas pesquisas o crime definido pela doutrina e pelo Código Penal, que formam uma teoria do crime sedimentada ao longo do tempo pelos contributos angariados das diversas correntes sobre o crime e a pena.

A todo o momento, no decorrer da investigação, o criminalista está tentando realizar a subsunção da conduta investigada no mundo fenomênico com o modelo descrito pelo tipo penal, ou seja, com o crime previsto no Código Penal ou outras leis extravagantes que descrevem crimes, ou, ainda, com uma contravenção penal.

A subsunção corresponde ao silogismo jurídico no qual a *premissa maior* é representada pelo tipo legal aplicável e a *premissa menor* é o fato problemático investigado, que permite chegar a uma *conclusão* sobre o caso investigado. Ele é aplicável no contexto de descoberta e no contexto de justificação, no entanto, o rigor e a profundidade subsuntiva evoluem progressivamente à medida que se avança no percurso da investigação, desde o início da notícia-crime recebida, passando pelo levantamento de hipóteses e pela conclusão da investigação com a imputação criminal, seguindo-se pela acusação formal e conclusão final com a prolação de sentença.

A subsunção é mais visível à medida que a investigação se aproxima de seu final, quando já se coletou as informações e provas e elas são confrontadas com a hipótese legal. Nesta fase o criminalista terá de confirmar a hipótese – ou negá-la por falta de provas da ocorrência do crime –, quando então já se faz um juízo provisório sobre um crime concreto, tipificado legalmente e, portanto, que confirma integralmente a tese que o crime tipificado na lei é o objeto da investigação criminal.

A referência para operar a subsunção é a teoria do crime, com seu conceito nos aspectos material, legal e analítico, quando se analisa se o fato é típico, ilícito e culpável, com as balizas doutrinárias da teoria finalista, majoritariamente adotada no Brasil. No fato típico é examinada a conduta e o resultado produzido, quando se analisa a relação de causalidade, o dolo e culpa. Na ilicitude são verificadas as excludentes, ou seja, a contrariedade do fato com o ordenamento jurídico causando efetiva lesão a bem jurídico tutelado, com suas causas de exclusão (Masson, 2010) e, por fim, na culpabilidade é analisada a imputabilidade, a potencial consciência da ilicitude e a exigibilidade de conduta diversa.

Denota-se que a teoria do crime constitui matéria complexa, cujo domínio dogmático é imprescindível para a investigação criminal, pois ela oferece os subsídios para tornar operativa a subsunção do fato ao tipo penal.

Portanto, o figurino fornecido pela teoria do crime orienta o criminalista durante toda a investigação criminal, com pleno prestígio do princípio da legalidade, no qual o criminalista está vinculado às leis previamente produzidas de modo abstrato, com a consagração do princípio de supremacia da lei no Estado democrático de direito (Santos, 2013, p. 128).

Pela legalidade o crime é aquele previsto em lei, geralmente tipificado pelo legislador para proteger bem jurídico de elevada dignidade, de forma precisa o conteúdo do tipo legal é delimitado, funcionando como uma limitação para o criminalista ao realizar a subsunção legal.

A Constituição Federal prevê mandados de criminalização para proteger bens jurídicos de elevada estatura, como a tortura, o tráfico ilícito de entorpecentes e drogas afins (art. 5º, XLIII), a discriminação atentatória dos direitos e liberdade fundamentais (art. 5º, XLI), e, em razão disso, o legislador tipifica determinadas condutas concentrando-as no Código Penal ou são previstas em outras leis penais esparsas.

Com isso, conclui-se que o objeto da investigação criminal é o crime definido pela lei penal, mas é necessário reconhecer que, na fase inicial da investigação, não é possível já contar com uma tipificação legal do crime, conforme se verá no próximo tópico.

3.2 CONCEPÇÃO AMPLIADA DO CONCEITO DE CRIME NA INVESTIGAÇÃO CRIMINAL

Embora o crime tipificado juridicamente seja o objeto da investigação criminal, coloca-se a seguinte questão: é possível, logo no início de todas as investigações já proceder a subsunção típica e formular um enunciado criminal, considerando o fato investigado como crime conceituado legalmente?

Na rotina policial investigativa logo no início da persecução criminal, já na fase de recebimento da notícia de "fato da vida", em algumas situações já é possível de plano vislumbrar hipoteticamente o tipo legal aplicável, pelo menos em tese, como é comum nos acidentes com veículos automotores, em uma lesão corporal, na morte de um indivíduo, restando ao criminalista reunir os elementos indiciários e as provas do fato investigado. Além disso, em muitas situações o evento problemático inicial pode não conter elementos suficientes para amoldá-lo a um crime tipificado normativamente, por falta de dados sobre suas circunstâncias fáticas e, até mesmo, pela *indefinição material* do evento que pode gerar dúvidas se é uma infração administrativa, civil, tributária ou ambiental, se tecnicamente constitui um quase-crime (crime impossível, art. 17, CP), crime falho etc. É aquilo que a doutrina coloca como os fatos narrados na *notitia criminis* (notícia-crime), às vezes o significado desta se confunde com o próprio fato em virtude da vagueza do significado de notícia, que se aproxima de uma informação recebida sem suporte probatório e, até mesmo, sem suporte cognitivo.

Com concepção ampliada, podemos afirmar que o objeto da investigação criminal não é apenas o crime tipificado legalmente, como defendido pela doutrina no estudo do processo penal, mas o evento com *possibilidade* de se constituir um fato punível, o fato anômalo aflorado da realidade social, envolto em violência, morte, dano ou fraude grave, aquele fato surpreendente, aquela situação problemática, conforme os ensinamentos da teoria geral da investigação. Isto porque se o crime se apresentasse definido em seus elementos logo no início da investigação, dispensável seria a investigação criminal. Nestes casos o fato investigado carece de definição no tocante à conduta, à circunstância, ao sujeito e ao objeto.

Por esta razão, as autoridades policiais iniciam investigações para delimitar os fatos, quando inexista ou exista vagamente informações sobre elementos constitutivos do crime, principalmente quando inexista provas sobre o evento investigado. Muitas vezes a hipótese criminal se afigura forte, mas não há provas suficientes para afirmar o crime, restando apenas o evento problemático sem potencial para formular uma hipótese fática e jurídica. Noutro giro, se as informações iniciais já apontam claramente que o fato não é crime tipificado na lei penal, será ilegítima e, quiçá, abusiva a investigação e deve ser encerrada.

Como mencionado anteriormente nem sempre o crime se apresenta materialmente definido no início da investigação. Também não é possível afirmar um crime quando a conduta não atinge os atos de execução idôneos a configurar um crime, portanto as condutas anteriores não são culpáveis. O *iter criminis* é composto por uma fase interna e outra fase externa, conforme gráfico abaixo:

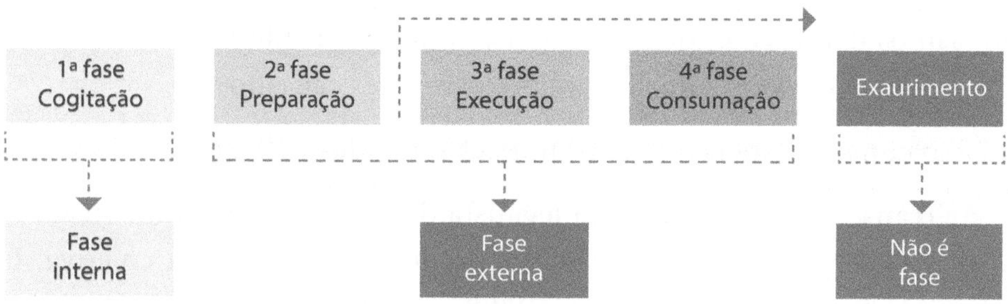

Enfim, o evento se caracteriza por um ilícito cuja natureza depende de reforço de informações e provas para a elaboração de uma subsunção legal, mesmo que provisória.

A investigação criminal possui múltiplas funções, como se verá adiante no tópico 6, específico sobre o tema. Dentre elas, é justamente formar o corpo do delito, coletar informações e provas mínimas para apreciação do Judiciário, com natureza de filtro processual e para evitar acusações temerárias. Da situação indefinida em seus elementos material, causal, modal, temporal e subjetivo, a investigação exerce um verdadeiro banho lustral sobre os meios de prova que possibilita a imputação provisória de crime a alguém, conforme Sérgio Pitombo (1987, p. 21).

O conceito jurídico de crime em seu sentido estrito, levado ao extremo na investigação, nos conduz a eliminação do conceito e conteúdo da investigação criminal, já que, em última análise somente seria considerado crime aqueles fatos que resultassem em condenações judiciais, uma vez que somente nesta fase se afirma definitivamente o crime. Nessa visão unitária do conceito de crime, o suposto fato criminal somente poderia ser considerado crime quando o Poder Judiciário assim o reconhecesse em uma sentença criminal.

Outras acepções possuem o vocábulo crime, trazidas de outros ramos do saber, que podem auxiliar na compreensão do objeto de investigação, como a Criminologia e a Sociologia Criminal. Machado (2008, p. 31) cita alguns elementos da definição de crime:

a) São os danos causados às vítimas, onde se considera a sua natureza, dimensão, severidade dos prejuízos e males causados.

b) É o consenso social sobre os impactos criados pelo crime.

Transcendendo a acepção legalista de crime, Durkheim considera que é a ofensa a estados fortes e definidos da consciência coletiva. Já Thorsten Sellin (*Apud* Machado, 2008, p. 30), criminologista estadunidense, define crime como a transgressão a normas de condutas que são criadas pela sociedade e que podem variar nos grupos sociais diferentes, também, é a transgressão a categorias universais reconhecidas de forma similar em diferentes sociedades, como o homicídio.

Com abordagem sociológica o crime é uma construção social associada à lei e ao controle formal e informal. Ele é encarado como um *desvio*, um *problema social* que se fundamenta no desvio às expectativas socialmente criadas que provoca reações negativas (Machado, 2008, p. 31), ou, "o que não está em conformidade como determinado conjunto de norma aceite por um número significativo de pessoas de uma comunidade ou sociedade", ensina Giddens (2010, p. 205).

Conclui-se que o objeto da investigação criminal é o problema social saliente que fere as expectativas da sociedade e depende de definição, que provoca danos com reflexos em interesses individuais e gerais e que poderá – numa análise inicial e provisória – configurar um comportamento previsto na lei como crime, cuja definição será dada com a investigação criminal.

Devido aos constrangimentos provocados pela investigação na vida do cidadão investigado, há decisões dos tribunais superiores brasileiros que restringem o conceito de crime, principalmente em casos polêmicos que envolvem detentores de prerrogativa de função, mas, no geral tem prevalecido que, para "a instauração de um inquérito policial basta a existência de elementos mínimos demonstrativos da ocorrência de um delito, com a descrição precisa dos fatos, de modo a possibilitar a investigação pela autoridade competente" (TRF 1, HC 34.006).

Demais disso, como mencionado anteriormente, a investigação funciona como filtro que evita acusações temerárias perante o Poder Judiciário, ou seja, ela possui potencial contramajoritário que impede a instrumentalização ocasional da persecução criminal (Machado, 2018), que poderá momentaneamente desviar-se dos princípios de Justiça, legalidade, devido processo legal etc., para atender outros interesses, inclusive o clamor social por punição ilegal.

4
MÉTODO DA INVESTIGAÇÃO CRIMINAL

Colhemos na doutrina processual penal o *princípio da investigação* (Silva Pereira, 2019, p. 43), que consiste na busca da verdade fática sobre um evento criminal, por meio de métodos e técnicas disponíveis à ação investigativa. Esse princípio compõe a cultura jurídica criminal e fundamenta todo ato investigativo, e acaba gerando o dever-poder estatal de conhecer os fatos criminais e aplicar a pena correspondente, segundo estatuto axiológico e epistemológico que pode sofrer influência do modelo de persecução e do modelo de justiça criminal adotado em dado momento histórico.

O estudo do método da investigação criminal exige uma revisão dos métodos científicos e, consequentemente, possibilita identificar um método próprio, muito similar aos métodos manejados em outras áreas. Veremos que a investigação criminal não compagina com a unidade metodológica, devido à multiplicidade de fenomenologias enfrentadas pelos criminalistas.

Método é o caminho a ser seguido para atingir determinado resultado, ou se refere às técnicas empregadas para adquirir conhecimento, conforme Hegenberg (1995, p. 137). Por sua vez, Marconi e Lakatos (2007, p. 46) consideram como método "o conjunto de atividades sistemáticas e racionais que, com maior economia e segurança, permite alcançar um objetivo – conhecimentos válidos e verdadeiros".

Veremos então, diversos métodos que podem ser úteis à investigação criminal, mas concluiremos que o método abdutivo de Charles Sanders Peirce se identifica integralmente com o método investigativo por excelência, principalmente na sua etapa de descobrimento.

4.1. Método abdutivo

Os métodos mais divulgados e conhecidos no âmbito da teoria do conhecimento e nos manuais de metodologia, são a dedução e a indução. Na doutrina e na prática policial eles são sempre lembrados. Charles Sanders Peirce (1839-1914) desenvolveu a abdução como terceira inferência, considerada o método por excelência da investigação policial, do detetive, conforme Humberto Eco e Thomas Sebeok, levando em conta os estudos sobre os contos policiais de Conan Doyle com seu Sherlock Holmes, de Edgar Alan Poe com Dupin, Voltaire com Zadig, realizados na obra *O signo de três*.

A abdução é a inferência do particular para o particular passando pelo geral. Parte do resultado e por intermédio da norma vai ao caso a ser explicado. Ela possui natureza heurística e visa descobrir hipóteses diferentemente da analogia que trabalha com hipóteses construídas. O raciocínio abdutivo amplia o conhecimento, propicia a formulação de hipóteses criativas e integra o contexto de descoberta, em vez da indução e da dedução que geralmente é usada no contexto de justificação, ou seja, para a validação ou confirmação de hipótese.

Com esses construtos sobre a aquisição do conhecimento, observa-se aspectos de construção lógica na investigação, em vez de processos imaginativo, psicológico, a adivinhação, o acaso, o *insight*, a intuição, presentes no pensamento de Popper e Reichenbach, corroborando o pensamento de Dutra que chega a identificar os traços gerais presentes em todas as investigações.

Pelo conceito de Peirce (2017. *Apud* Santaella, 2004, p. 102 e Eco 2014, p. 13), a abdução:

a) "Todas as ideias da ciência chegam a ela por meio da abdução que consiste em se estudar fatos e se inventar uma teoria para explicá-los." (Santaella, 2004, p. 102).

b) "É o processo de formação de uma hipótese explicativa. É a única operação lógica que apresenta uma ideia nova." (Peirce, 2017, p. 220)

c) "A abdução é originária pelo fato de ser o único tipo de argumento que inicia uma ideia nova." (Peirce, 2017, p. 30)

d) "Primeiro degrau do raciocínio científico". (Sebeok, 2014, p. 23)

e) "É o procedimento de adotar uma hipótese ou proposição que conduziria a predição daquilo que pareceriam serem fatos surpreendentes." (Sebeok, 2014, p. 23)

f) "Cobre todas as operações pelas quais teorias e concepções são engendradas." (Santaella, 2004, p. 102)

g) "A explicação deve ser uma proposição tal que levaria à predição dos fatos observados, quer como consequências necessárias, quer, pelo menos, como muito prováveis sob certas circunstâncias. Uma hipótese, então, tem de ser adotada como plausível nela mesma e tornando os fatos plausíveis. Esse passo de se adotar uma hipótese como sugerida pelos fatos é o que chamo de abdução." (*Apud* Santaella, 2004, p. 93)

4.1.1. Estrutura lógica da abdução

Como vimos no capítulo sobre o conceito de investigação, para Peirce a abdução é o estágio inicial da investigação, na qual o investigador elabora e escolhe hipóteses explicativas para um conjunto de fatos surpreendentes, ou fato isolado, que demanda explicação. Continua o autor que a abdução é o processo pelo qual brota, engendra-se uma hipótese ou conjectura, diante de um fato surpreendente.

Disto decorre que são elementos da abdução extraídos do mundo e da mente do homem:

1. Anomalia ou fato surpreendente.
2. Norma ou crenças estabilizadas.

Tais elementos percorrem o seguinte raciocínio silogístico, correspondentes aos passos percorridos em busca de construir hipótese para o caso:

1º passo: Anomalia que causa surpresa no mundo fenomênico.

2º passo: Admitir possibilidades alternativas àquelas hipóteses.

3º passo: Seleção da hipótese mais adequada entre as existentes.

Peirce formulou a seguinte descrição do raciocínio abdutivo:

1. O fato surpreendente, F, é observado.

2. Mas se a (hipótese) H fosse verdadeira, F se seguiria naturalmente.

3. Portanto, existe razão para suspeitar que F seja verdadeira.

Diante de um fato anômalo observado, são construídas hipóteses e o criminalista passa a examinar seus traços marcantes ou as relações entre suas particularidades, permitindo sua contrastação com experiências anteriores, teorias ou lei geral que explique o fato.

Ensina Gutierre, Gonzalez, Broens, que, uma "vez proposta uma hipótese - considerada provisoriamente verdadeira - que parece explicar a anomalia em questão, o próximo passo do raciocínio abdutivo ocorre através do *teste indutivo* dessa hipótese, geralmente realizado através da observação. Sendo verificada indutivamente, essa hipótese assumirá a forma de uma lei geral, que servirá de base para o *raciocínio dedutivo*, do tipo descrito pelo método nomológico-dedutivo" (Destaquei) (2011, p. 28).

Portanto, todo o método abdutivo, da primeira fase descrita acima de descoberta de hipóteses explicativas até a solução do caso, se configura com as seguintes fases:

*1ª fase: ao deparar com uma **situação surpreendente** indicativa da ocorrência de um crime, o investigador **formula hipótese** explanatória.*

*2ª fase: o investigador passa a examinar sua hipótese para **derivar consequências experimentais**, ele **extrai predições** virtuais de experimentos possíveis a partir de sua hipótese.*

*3ª fase: o investigador verifica se a **consequências observável predita** realmente ocorreu.*

Vejamos o exemplo de Santaella (2004, p. 159) sobre o fogo em uma porta de metal:

> Sentada numa sala, uma pessoa olha para porta de entrada de metal e nota que ela está protuberante, de um *modo peculiar*, e brilhando. Ela formula a *hipótese* de que há fogo atrás da porta, tendo em mente o pensamento de que o *fogo é a causa da protuberância* e do brilho. A hipótese de fogo é sugerida por abdução e, enquanto é plausivelmente suportada por uma generalização, ela é *testada* por meio de um *raciocínio indutivo* sobre a aceitabilidade da generalização. A hipótese é uma interrogação no ciclo do argumento abdutivo. Especificamente, a interrogação se refere à consistência da *generalização* com outras consequências que advêm do fato de haver fogo, tais como a *fumaça ou sirenes.*

Para a investigação criminal decorre que a abdução é fértil para os casos com autoria desconhecida ou com materialidade parcialmente desconhecida, quando o criminalista atua sob o contexto de descoberta, visando descobrir as circunstâncias do evento investigado, portanto, é o método genuíno da investigação criminal que busca esclarecer casos desconhecidos. Além do mais, também o método abdutivo se presta à confirmação de casos que contam com hipóteses já formuladas, quando se seleciona a mais adequada e a submete a exame, pela observação e contrastação com indícios, permitindo sua confirmação e a consequente formulação de uma teoria para aquele caso.

O processo de entrada de casos criminais e seus desdobramentos na organização policial, pode se orientar pelas fases da abdução, como casos com autoria desconhecida registrada como *notitia criminis*, casos com potencial para iniciar uma investigação formal pelo inquérito; casos que dependem apenas confirmação e instrução de hipótese criminal já existente, casos que requerem urgência, ou, casos de maior gravidade etc.

Assim como a indução a abdução oferece hipótese provável, com maior ou menor grau de probabilidade.

4.1.2. Processo criativo da abdução

Na vida cotidiana e notadamente no meio policial, é comum atribuir à **intuição** a descoberta ou revelação de algo desconhecido, geralmente num quadro de informações confusas ou obscuras, mas principalmente emergente de um cenário repentino. Encontramos autores na epistemologia que analisam a intuição, colocando-a como uma ferramenta a serviço de muitas atividades humanas, principalmente da investigação criminal. Bazarian (1994, p. 186) secundado por Rizzato Nunes (1997, p. 153), defende que "a intuição heurística ou divinatória é, muitas vezes, chamada de 'olfato', 'faro', palpite, sexto sentido, pressentimento, precognição, clarividência, visão interior, imaginação criadora, presença de espírito (......), porque ela antecipa o resultado, pressente a verdade, descobre o que os outros não vêem, e advinha o que está oculto."

Bazarian a classifica em intuição de evidência ou racional e intuição heurística ou divinatória. A que interessa mais ao nosso estudo seria a intuição heurística, definida como "uma forma de conhecimento direto, em que a solução de um problema teórico ou prático é encontrada de modo imediato, repentino, não-consciente e sem dados suficientes" (Bazarian, 1994, p. 185). Defende o citado autor (1994, p. 183) que é um conhecimento direto que nos faz **pressentir** a verdade, **adivinhar** a solução de um problema ou **descobrir** algo novo. (......) pode ser chamada também de **antecipadora, prospectiva, adivinhatória, inventiva, criativa, criadora, produtiva"**. (Destaque no original)

Sobre a origem do processo criador da abdução, na época de Peirce, havia o entendimento de cariz cartesiano que ela provém de um *insight* que brota do instinto, portanto, é intuitivo, por outro lado Peirce defendia que é fruto da faculdade imaginativa inerente ao homem, o que gerou o denominado "paradoxo da abdução", devido à suposta incoerência do autor. Santaella (2004, p. 108 e ss) recenseou os problemas daí decorrentes e apontou as similaridades e diferenças entre a abdução peircena e a intuição. Peirce delimitou a intuição como *uma cognição não precedida de outra cognição*, um *flash* criativo instantâneo que difere da abdução. Ele chega a reconhecer este processo criativo, no entanto, o processo de construção de hipótese (abdução) é consciente, deliberado, controlado, voluntário, inclusive é aberto à crítica e autocrítica. Apesar da abdução conter nuanças instintivas, logo em seguida ela passa a ser controlada pelo raciocínio humano, portanto, possui uma base lógica que compreende uma teoria da ação mental e não adota uma moldura psicológica do modo como sentimos o fenômeno. Diferencia, ainda, da intuição, pois é mediada pela experiência que fornece estímulo para adivinhar e conjecturar, em vez da mediação realizada pelo contexto, presente na intuição (Santaella, 2004, p. 115).

Alinhamos ao pensamento de Peirce quando defende uma base lógica para esta faculdade criativa, que pode ser ensinada, aprendida, aperfeiçoada e desenvolvida na práxis investigativa, portanto, rechaçamos o caráter místico ou divinatória da intuição como processo da investigação. É comum no meio policial referir-se ao faro ou tirocínio do operador investigativo, mas em verdade isso se traduz em habilidade desenvolvida pela experiência, pela capacidade de buscar no estoque de conhecimento pessoal ou institucional as informações que podem auxiliar no processo criativo. Está vinculado à capacidade de associação de informações complexas pelo criminalista, bem como pela capacidade de memorizar e recuperar estas informações de forma rápida, às vezes instantâneas, as quais, por vezes equivocadamente é confundido com poderes adivinhatórios. Kneller (1980, p. 113 e 121) chega a defender que a intuição é provavelmente a condensação de uma ou mais linhas de pensamento racional num único momento de *insight*, que normalmente exigia mais tempo, mas que, também, poderia ser reconstituído mais tarde.

Em suma, o processo abdutivo oferece recursos apropriados para a descoberta e esclarecimento de casos criminais, e deve ser colocado como uma pauta imprescindível para o estudo do processo de conhecimento de crimes, ensinado nas academias e nos ambientes que lidam com investigação, não sendo recomendável uma atividade ou uma organização, que tenha como missão esclarecer crimes, depender de faro de policiais, cuja notoriedade abdutiva às vezes os alça a "supertiras", nos moldes hollywoodianos.

Mas além desse processo lógico abdutivo de invenção de teorias para explicar fatos, portanto, originária e que inicia uma ideia nova, como pode ocorrer este processo criativo na mente humana? Calha para a compreensão deste fenômeno estudarmos a **ruminação** como integrante da fase imaginativa da abdução.

Quem já não deparou com problemas sem solução, como por exemplo a perda de um objeto, de uma chave de veículo nas gavetas e nos móveis de uma casa? Um problema cotidiano para organizar compromissos, objetos etc.? Ou, até mesmo a extração de ideias ou conclusões sobre propostas de atividades, como a captação e compreensão de ideias estudadas durante a elaboração de um trabalho científico, por um estudante? Em todas elas, existe em maior ou menor extensão uma atividade mental de ruminação.

Peirce (*Apud* T. A. Sebeok e J. U. Sebeok, p. 34-35) define a ruminação como "um vivaz exercício dos poderes de cada pessoa... sem regras, exceto a própria lei da liberdade", continua o autor, um processo pela qual a mente busca "alguma conexão entre dois dos três Universos da Experiência (i.e., das Ideias, da Realidade Bruta e dos Signos), com especulação concernente a sua causa'. A Ruminação começa muito passivamente, embebendo-se na impressão de algum recesso em um dos três Universos. Mas, a impressão logo se torna observação atenta, a observação se transforma em meditação, meditação em intercâmbio de comunhão consigo mesmo. Se se permite que as observações e as reflexões se desenvolvam por si mesmas em profundidade, o Jogo se converterá em estudo científico'".

Na compressão peirceana (*Apud* Harrowitz, p. 215-216), a ruminação não seria um quadro mental equivalente a uma quimera, uma agradável ocupação mental descompromissada, ao revés ele denominou de Puro Jogo ou Jogo de Ruminação "que pode penetrar em vários níveis de realidade, um devaneio criativo que transcende hipóteses e razão positivistas", onde àqueles problemas geralmente tidos como insolúveis num primeiro momento, admitem a solução na própria circunstância, onde é encontrada a chave para sua revelação. Ensina o autor (*Apud* Harrowitz, p. 216) que:

> "Quarenta ou cinquenta minutos de um pensamento analítico vigoroso e ágil dedicado a qualquer um deles é, em geral, suficiente para eduzir dele tudo o que há para ser eduzido, sua solução geral.... Entre no barco da Ruminação, solte-o no lago do pensamento e deixe que os ventos dos céus inflem as velas. Com seus olhos abertos, atento ao que ocorre dentro de você, inicie uma conversa consigo mesmo, pois isso é pura meditação".

Pelo Jogo da Ruminação o sujeito cognoscente exercita o pensamento em torno de uma dúvida ou problema levantados, visando encontrar uma crença para a dúvida ou uma solução para o problema, através de raciocínios operativos em torno dos vários níveis de realidades (objeto, versões, ideias, tempo etc.). Corresponde àquela meditação onde o operador investigativo raciocina analiticamente o caso investigado, sua dinâmica, as pessoas envolvidas, o tempo e modo das ações; realiza exame de comparação e contrastação das versões apresentadas; identifica e preenche as lacunas existentes nos depoimentos e versões, os fatos ocultados conscientemente pelos agentes; compõe as conexões fáticas e pessoais; realiza experimentos quando possíveis (perícia) etc. Estas análises podem ser comparadas com as experiências anteriores de casos similares, tanto pessoal quanto de grupos institucionalizados de investigação. Pode acontecer de a solução vir rapidamente, mas também a ruminação pode durar bastante tempo para clarear o evento investigado, e produzir uma fusão de pensamento simplificador que explica o enigma, um brilho que se emerge e realça algo, e inclusive - como ensina Peirce e seus discípulos Harrowitz, Sebeok, Eco (2014) –, aflorará àquela máxima: a solução de caso considerado insolúvel é encontrada nas pistas ou circunstâncias deixadas pelo próprio caso. É o exercício da dúvida metódica, com emprego de uma consciência reflexiva no contexto de um ceticismo moderado e a suspensão do juízo, descritos nos tópicos 2.4 e 4.5.1.,

Portanto, é comum a um indivíduo esquecido encontrar a chave de seu carro no emaranhado de gavetas, bolsos, prateleiras, após ruminar pacientemente sobre as possibilidades e o caminho percorrido. Da mesma forma o esclarecimento de uma dúvida, o surgimento de uma ideia ou teoria, pode ser fruto de longa meditação sobre seus componentes, inclusive, a ruminação pode persistir e ser frutífera nos momentos de silêncio, de liberdade psíquica, de lazer, nas caminhadas diárias, por vezes inconscientemente quando brotam arranjos simplificados que podem ser testados para se chegar a uma solução final.

Por fim, com a apresentação breve do processo criativo na abdução, em sua origem e seu exercício pela ruminação/meditação, carece discorrer brevemente sobre o elemento sensual da abdução.

Na solução de um caso criminal o investigador experimenta uma sensação peculiar, onde aquele sentimento de complexidade factual é substituído por um sentimento simples intenso, como resultado de um distúrbio harmônico simples chamado por Peirce (*Apud* T. A. Sebeok e J. U. Sebeok, 2014, p. 23) de **emoção**. No final de um caso, ou até mesmo na formulação de uma boa hipótese, o criminalista é tomado por uma emoção, um momento de heureca que lhe proporciona um sentimento de superação, de desafio, de vitória, de um salto criativo e pacificador e ao mesmo tempo de êxtase.

Este elemento sensual da investigação (abdução) não é encontrado na mesma proporção na dedução e indução. A descoberta de crimes e a solução de um enigma são terrenos para fortes emoções produzidas no córtex cerebral do investigador. Por esta razão (além de outras não enfrentadas neste trabalho), é comum organizações públicas não habilitadas para a investigação criminal usurparem funções alheias, devido ao sentimento emotivo angariado e os créditos que isso proporciona no meio social.

Contudo, este sentimento emotivo também é vivenciado por qualquer pessoa que exercita uma atividade investigativa, no seu cotidiano, e chega a uma solução final do problema da vida. Ela é tomada pela satisfação e se eleva espiritualmente.

4.2 Método indutivo

A indução é um raciocínio muito empregado na atividade de investigação criminal, por vezes é confundida com o método indiciário em que de algo conhecido se chega a outro desconhecido. Nas investigações policiais o policial sai a campo em busca de vestígios ou provas sobre determinado crime, encontra rastros, impressões digitais deixadas nos objetos, informações de câmeras de vídeos, de testemunhas etc., para ao final formar uma opinião (tese, teoria, enunciado) sobre o evento investigado.

Jonathan Nancy (2002, p. 244) ensina que o raciocínio indutivo é empregado em quase todos os ramos das ciências humanas, como se vê na historiografia, na antropologia, na medicina etc. Conclui o autor (2002, p. 244) que podemos "inquirir se o que sabemos acerca do presente fornece justificação indutiva para crenças acerca do passado", referindo-se ao detetive na investigação policial.

Pela indução, o investigador vai das coisas particulares (indícios e provas) para a geral, para se chegar a uma conclusão criminal, que geralmente resulta no indiciamento ou não do investigado, e, em certa medida, na acusação criminal ou não do indivíduo.

O raciocínio indutivo pressupõe a formação de uma lei ou teoria, mas, na investigação criminal, não se chega a uma teoria geral, ela contenta-se com uma teoria sobre um caso individual, ou seja, a passagem do particular para o caso particular. No entanto, a repetição de determinadas conclusões na investigação de certas tipologias criminais pode subsidiar a formação de teorias criminalísticas sobre tais tipologias, como é comum verificarmos na fiscalização aeroportuária, quando alguns policiais em determinadas condições consideram os integrantes de determinadas nacionalidades como suspeitos da prática de tráfico de entorpecentes, como os nigerianos no Aeroporto Internacional de Guarulhos, em algum momento histórico. Também, se nos casos *x*, *y* e *z*, os parentes ou pessoas próximas foram abusadores de crianças, esta regularidade pode induzir a regra que são próximos os abusadores de crianças e, portanto, a criança *A* abusada por alguém, foi vítima de um familiar ou próximo dela.

Denominamos estas construções de teorias de médio alcance, pois na indução o resultado não será uma crença verdadeira, mas uma crença com grau de probabilidade, por esta razão devem ser tratadas e aplicadas com muita prudência, sob pena de cometer injustiça e abusos, até mesmo estigmatizar grupos étnicos, sociais etc.

O ponto de partida da indução é a observação dos fatos e dos fenômenos da realidade e seu ponto de chegada é a formulação de leis ou regularidades que regem tais fenômenos. Dessa forma, a indução - assim como a dedução e a abdução - possibilita a ampliação de conhecimento, já que através de coisas que conhecemos, podemos ter razões suficientes para acreditar em outra crença, ou seja, nossas razões são suficientes para justificar a nossa conclusão (Nancy, 2002, p. 243).

A inferência derivada do silogismo indutivo na investigação criminal possui a seguinte forma:

1. *Descrição do acontecimento que se deve explicar.*
2. *Provas praticadas (depoimento, perícia, máximas de experiência).*
3. *Conclusão.*

Em uma investigação criminal a inferência indutiva, exemplificativamente poderia ficar assim:

1. *Tatiane Spitzner foi encontrada morta na calçada do prédio onde morava.*
2. *Seu marido Luis Felipe foi visto agredindo fisicamente a esposa Tatiane.*
3. *Luis Felipe matou Tatiane.*

O caminho entre o fato (com suas provas) e a conclusão, ou seja, do fato à sua explicação, é guiado pela hipótese que orientará a buscas das provas, sob pena de o investigador ficar recolhendo indícios e provas aleatoriamente, às cegas. Com isso, o investigador coletará as informações e provas *relevantes* acerca da hipótese selecionada (Ferrajoli, 2010, p. 139).

No argumento indutivo, é possível a premissa ser verdadeira, mas a conclusão pode ser falsa, diferentemente do dedutivo onde a conclusão será sempre verdadeira se a premissa for verdadeira. As premissas de um raciocínio indutivo correto podem tornar a conclusão extremamente provável, moderadamente provável ou provável em certa medida, portanto, há graus de eficácia ou apoio (Salmon, 1993, p. 45).

A indução é um raciocínio reconstrutivo, ensina Abellán (2010, p. 95), ou seja, serve para explicar *porque* se produziu um fato, em que de um fato conhecido se supõe um fato não observado ou que não pode ser observado, uma vez que este oferece fundamento para inferir aquele. Este raciocínio é retratado da seguinte forma: *se X, então é provável Y.*

Por exemplo: Se alguém odiava profundamente outra pessoa que apareceu morta; e/ou estava no local do crime momentos antes de sua ocorrência; e/ou tinha motivos suficientes para desejar sua morte; e/ou lhe havia ameaçado de morte várias vezes; e/ou foi encontrado sangue da vítima em sua roupa, então é provável que a matou.

4.3 Método dedutivo

Deduzir é tirar uma conclusão de premissas ou pressupostos. A dedução parte de uma verdade conhecida para demonstrar sua aplicação a outros casos particulares, então, parte do geral para o particular.

Pela dedução, se as premissas são verdadeiras as conclusões devem ser verdadeiras, ao passo que na indução ela é provavelmente verdadeira, com isso ela torna explícito o conteúdo das premissas (Salmon, 1993, p. 11. Hegenberg, 1995, p. 60. Hessen, 1994, p. 109).

O ponto de partida da dedução é uma ideia verdadeira e o ponto de chegada é o caso que requer explicação. O processo dedutivo inicia-se pela colocação das premissas, passando-se por afirmações intermediárias, e de passo a passo, por afirmações progressivamente aceitas, se chega à conclusão desejada e aceitável. Ela é representada da seguinte forma:

1. *Todos os x são y (teoria geral sobre um conjunto de objetos).*
2. *A é y (caso particular).*
3. *Portanto, A é x.*

Exemplo de uma inferência dedutiva:

1. *Todos os mamíferos são mortais.*
2. *Todos os cães são mortais.*
3. *Todos os cães são mamíferos.*

Na investigação criminal, as inferências abdutiva e indutiva são úteis e comumente empregadas pelas autoridades, seus agentes e pela defesa do investigado. Embora o processo dedutivo possa auxiliar na finalização da investigação, ele é usado na subsunção jurídica ou no silogismo prático de aplicação da lei ao caso concreto. Por exemplo:

1. *Quem cometer homicídio deve ser punido com a pena de 20 anos de prisão.*
2. *John cometeu o crime de homicídio.*
3. *John deve ser punido com 20 anos de prisão.*

O raciocínio dedutivo também é encontrado na fase processual de confirmação da acusação ou na apresentação de contraprovas de defesa.

Portanto, a dedução pura e simples possui pouca aplicabilidade na investigação criminal, exceto na fase de correção ou falseamento de hipóteses apuradas, quando o criminalista submete a solução encontrada à prova, checando a robustez de seu trabalho, que pode se traduzir numa dúvida metódica constante sobre seus achados. Com isso, certamente, os demais atores do processo investigativo não encontrarão falhas ou incoerências no caso investigado.

Outra aplicação dedutiva é o modelo nomológico-dedutivo de explicação causal, desenvolvido por Karl Popper, o qual foi difundido por Carl Hempel e Oppenheim.

Por este método, também conhecido como hipotético-dedutivo, portanto, fundamentado no raciocínio dedutivo, parte-se de lei gerais e condições iniciais bem estabelecidas, de modo que é possível uma conclusão sobre um evento a ser explicado. Esta inferência dedutiva permite ascender do *fato a ser explicado* (*explanandum*) ao *fato que constitui a sua explicação* (*explanans*), cujo raciocínio dedutivo descende da lei geral ao fato a ser explicado, com a "inclusão nas premissas explicativas de leis ou generalizações empíricas aceitas como verdadeiras, conforme a experiência passada (Ferrajoli, 2010, p 135).

Diagramaticamente o método hipotético-dedutivo é retratado assim:

Explanans	$\mathbf{L_1,..., L_2}$ (Leis gerais) $\mathbf{C_1,..., C_2}$ (Condições ou dados do fato a ser explicado)
Explanandum	**E** (Enunciado que descreve o fato a ser explicado)

Vejamos o exemplo da dilatação do fio de cobre, que constitui o *explanandum*. De acordo com a observação dos fenômenos naturais, podemos notar que os corpos, como o fio de cobre, se dilatam quando submetidos a altas temperaturas (*explanans*). Então, o cobre nas condições ambientais de exposição ao calor terá explicação para este fenômeno deduzindo-o da lei específica que o calor é a causa da expansão do metal. Portanto, há uma relação de causalidade entre a temperatura e a dilatação do fio de cobre.

Observe que é necessário que as condições iniciais da ocorrência do evento sejam as mesmas. Por exemplo, se por experiências naturais, estabeleço a lei que a água ferve quando atingir 100° centígrados numa pressão atmosférica ao nível do mar, logicamente ela não ferverá a 100° centígrados se a experiência for em La Paz, já que ela pressupõe as condições de temperatura, pressão atmosférica e pureza da água. Com isso, depreende-se que tais leis empíricas são apenas prováveis, como demonstrou David Hume quando defende que não temos garantia lógica que o futuro será com o passado, ou, que os acontecimentos se repetirão no futuro com regularidade necessária (Ferrajoli, 2010, p. 136).

4.4 Analogia

A analogia pode ser fonte de hipótese na investigação da natureza e, eventualmente, na investigação criminal. Ela se baseia na comparação entre objetos, eventos ou fenômenos de dois tipos diferentes, ou, a passagem de uma semelhança constatada para outra não constatada (Bazarian, 1994, p. 111). É uma inferência do particular para o particular passando pelo geral. Do caso por meio da norma para o resultado (Kaufmann, 2010, p. 112).

A inferência resulta da comparação de objetos de uma espécie que são conhecidos como semelhantes a objetos de outra espécie, em que os da primeira espécie possuem determinadas características, mas não se sabe se os objetos da segunda espécie possuem estas características, portanto, por analogia podemos concluir que como os objetos são semelhantes em determinado aspecto, também poderão ser em outros aspectos. Então, logicamente os objetos da segunda espécie também possuem características adicionais que já sabemos que os da primeira espécie possuem (Salmon, 1993, p. 54).

O raciocínio analógico é esquematizado da seguinte forma:

1. *Os objetos do tipo X têm as propriedades G, H, etc.* > (Caso)
2. *Os objetos do tipo Y têm as propriedades G, H, etc.* > (Caso)
3. *Os objetos do tipo X têm a propriedade F.* > (Norma)
4. *Logo, os objetos do tipo Y têm a propriedade F.* > (Resultado)

Vejamos um exemplo trazido por Kaufmann (2010, p. 113)

1. *Os feijões a, b, c são deste saco.*
2. *Os feijões c, d, e também são deste saco.*
3. *Todos os feijões deste saco são brancos.*

---

4. *Os feijões a, b, c são brancos.*

Outro exemplo simplificado é a constatação que se o planeta Marte possui uma atmosfera semelhante à da Terra, pode-se inferir disso que Marte pode ter seres vivos (Bazarian, 1994, p. 111).

Como na indução, a analogia pode ser forte ou fraca a depender das semelhanças que há entre dois tipos de objetos que estão sendo comparados. Será forte à medida que as semelhanças entre os objetos forem *relevantes*, deste modo se a dessemelhança aumentar restará enfraquecida a inferência analógica. E a *relevância* é determinada pelas informações factuais ou pelos conhecimentos gerais do investigador, como as máximas de experiências (Salmon, 1993, p. 54).

A analogia é considerada um raciocínio indutivo quando produz inferência a partir de casos particulares, inclusive Bazarian (1994, p. 111) a considera uma forma particular de indução. Também possui caráter misto dedutivo-indutivo porque do particular passa pela norma para chegar ao caso particular inferido. Ela segue a direção inversa da abdução que parte do resultado através da norma para o caso.

4.5 Alguns métodos científicos

Outros métodos usados pela investigação científica podem oferecer subsídios para apoiar uma investigação criminal, a depender do contexto fático do evento investigado, sem se esquecer que a investigação de crime não comporta um monismo metodológico. Vejamos os métodos fenomenológico, dialético e o método dialético de Pabón Gómez.

4.5.1 Método fenomenológico

Nasceu na crítica feita por Edmund Husserl (1859 - 1938) a ideologia cientificista do positivismo e ao psicologismo dominante na sociedade ocidental e principalmente na Europa, veiculadas em suas obras, principalmente em *Investigações lógicas*, de 1901.

Com o lema "*Voltemos às coisas mesmas!*" apresenta uma teoria crítica, radical e interrogativa visando chegar ao fenômeno, desvelar o sentido que se mostra, para chegar àquilo que a coisa é, o que aparece à consciência, ou seja, a fenomenologia como "ciência das essências". A fenomenologia busca resposta para "*o que é*" em vez de pesquisar se o objeto investigado existe ou não existe.

Seu pensamento no tocante ao método é baseado em apreender as essências das coisas, com apoio na intuição eidética, no método da variação eidética e na redução fenomenológica ou *epoché*. Vamos expô-los seguindo a construção de Gustavo Castañon (2007, p. 61 ss) e outros autores.

A **intuição eidética** é aquela captação do fato que se apresenta à nossa consciência juntamente com o fato particular, individual e contingente. A primeira é a *intuição da essência*, considerada o modo típico de aparecer dos fenômenos, cuja capacidade de perceber a essência do fenômeno é anterior a ele. A segunda é a *intuição de fato*, que é contingente, pode ser e não ser, pela qual é iniciada pela experiência de fatos naturais ou do cotidiano. Castañon apresenta o exemplo da marca gráfica no papel que nos causa impressão visual, em que também percebemos a cor como sua essência, assim como o ruído de um automóvel trafegando, do qual captamos o som.

Resumindo, as essências são os modos típicos de aparecer dos fenômenos, nos quais pelo fato se capta a essência, o individual e contingente e ele sempre é anunciado à consciência por intermédio do universal.

O citado autor (2007, p. 63) conclui que a "Fenomenologia é uma ciência de experiência, não, porém, de dados de fato. Ela é ciência da experiência que tem a consciência com os dados de fatos, ela é ciência dos fenômenos. O objeto de estudo da Fenomenologia são as essências dos dados de fatos, são os universais que a consciência intui quando a ela se apresenta os fenômenos".

O método fenomenológico para se chegar à essência das coisas de um fenômeno, aplicável a qualquer fenômeno, seja social, natural e logicamente o fenômeno criminal, é o **método da variação eidética**, consistente na introdução de variações no fenômeno que se quer investigar, até o limite em que não se possa mais variar, restando então a essência dele.

Procede-se a uma variação imaginária que consiste em fazer-se "variar as determinações pensadas do objeto no sentido de se ver se ele tem possibilidades de ser outro desde que não prejudiquem a sua identidade, a identidade 'invariável' da coisa nela mesma que se faz ser ela e não outra coisa. Pela variação livre da imaginação se revela a verdadeira resistência da essência e a sua contingência" (Hegenberg, 2002, p. 107).

Castañon (2007, p. 64) traz o exemplo da cera, inspirado em Descartes, para se chegar à essência de fenômenos perceptivos como as coisas corpóreas. Um pedaço de cera possui certo cheiro, uma cor e uma forma precisa, mas levando-a ao fogo veremos que estas propriedades variarão, mas sua essência se mantém como uma coisa corpórea, a *extensão*, ou seja, a propriedade que ela ocupa no espaço, portanto, conclui-se que a *extensão* é a essência das coisas corpóreas. Mesmo eliminando o cheiro, a cor ou outra propriedade o pedaço de cera continua sendo uma coisa corpórea.

A intuição eidética e a variação eidética conduzem à busca da essência das coisas, as quais juntamente com a ***epoché, a redução fenomenológica*** completam o método fenomenológico de Husserl.

Castañon (2007, p. 65) ensina que a redução fenomenológica ou ***epoché*** "é a operação pela qual a existência efetiva do mundo exterior é posta entre parênteses, para que nossa investigação se ocupe apenas com as operações realizadas pela consciência, sem entrar na questão se as coisas visadas por ela existem ou não independentemente dela".

Então, pela *epoché* temos um salto fenomenológico transcendental, em que os fenômenos naturais do mundo, na sua faticidade, que se revela para nossa consciência espontânea é apreendido como consciência pura com unidade de sentido, onde o ser como *dado* imanente é apreendido e constituído intuitivamente na consciência transcendental. Exercer a *epoché* é reduzir o objeto à consciência transcendental (Borogni, 2017, p. 7-8).

A *epoché* é a suspensão do juízo sobre fenômenos pesquisados, cuja análise da coisa deve ser o máximo possível afastada de doutrinas filosóficas, senso comum, preconceitos ou preocupações exageradas sobre os elementos causais dos fatos, visando encontrar pontos sólidos, evidentes e indubitáveis sobre as coisas. Se assemelha à dúvida cartesiana ou ceticismo moderado, ou seja, em que as crenças ordinárias sobre o mundo devem ser colocadas de lado e, assim, investigar como a consciência funciona (Castañon, 2007, p. 65).

Para Husserl, ao afastar as crenças naturais e filosóficas resistirá à redução fenomenológica - à *epoché* -, apenas a *consciência* como resíduo fenomenológico, como algo indubitável, necessário e evidente que não se deixa por entre parênteses (Castañon, 2007, p. 66).

Nas reflexões fenomenológicas, o conceito de *intencionalidade* da consciência auxilia a compreender a redução fenomenológica, pois ela se refere ao fato de que a consciência é intencional, é sempre consciência de algo (Castañon, 2007, p. 62). Pelo princípio de intencionalidade, a consciência é sempre 'consciência de alguma coisa', que ela só é consciência estando dirigida a um objeto (sentido de *intentio*).

Por sua vez, o objeto só pode ser definido em relação à consciência, ele é sempre objeto-para-um-sujeito. Isto não quer dizer que o objeto está contido na consciência como que dentro de uma caixa, mas que só tem seu sentido de objeto para uma consciência (Dartigues, 2005, p. 22). Então, o ato da consciência precisa de um correlato, no qual se eu penso existe o pensado, se amo existe o amado, se lembro existe o lembrado, que pode se desdobrar numa consciência que imagina, o imaginado ou aquilo que imagino e eu me imagino.

O fenomenologista busca a *essência* das coisas partindo do fenômeno. Para ele a verdade é o conhecimento das essências universais e necessárias ou o *conhecimento das significações* constituídas *a priori* pela consciência reflexiva, ensina Chaui (2004, p. 101). Por exemplo, diante de uma montanha, o piloto de avião vê um obstáculo, o geólogo vê minerais, o alpinista um local bom para escalar, se sou um artística pode ser uma inspiração para uma pintura, se sou um fazendeiro pode ser um local para colocar meu rebanho para pastar etc., portanto, são construídos significados distintos conforme a consciência de cada um.

Com estas explicações podemos trazer o método fenomenológico para a investigação criminal, principalmente quando o criminalista examina a motivação e o dolo na conduta criminal. Barros (2018, p. 3) ao analisar a essência de alguns fenômenos criminais no nordeste, cita as seguintes casuísticas: a tipicidade ou não da posse ou porte de arma de fogo de uso restrito envolvendo individuo de região interiorana que utiliza a arma para caçar; se deve punir o relacionamento sexual entre adolescente e adulto carentes de medidas educacionais e de orientação; a direção de veículo automotor sem habilitação para tal, cujos condutores são analfabetos e usam veículos para atividades de sobrevivência, pode não merecer reprimenda penal.

Mais precisamente no processo investigativo, o método fenomenológico pode auxiliar o criminalista na formulação de hipóteses criminais sobre o evento investigado, servindo-se da suspensão do juízo ou *epoché*, livrando-se dos preconceitos e vícios investigativos. Também poderá submeter as hipóteses à variação eidética até chegar a essência do fenômeno criminal investigado, que, por sua vez, lhe orientará na busca e seleção de provas e indícios na fase de experimentação da hipótese.

4.5.2 Método dialético

Sistematizado por Hegel, pressupõe que o universo está sempre em movimento e transformação, tudo depende de tudo, a realidade é contraditória ou dialética em si mesmo. O método dialético "penetra no mundo dos fenômenos tendo em vista sua ação recíproca, da contradição inerente ao fenômeno e da mudança dialética que ocorre na natureza e na sociedade" (Marconi e Lakatos, 2007, p. 91).

O método dialético pretende conhecer o real em sua totalidade, por meio de uma construção lógica, racional e coerente em que o ser é indeterminado, no qual o *ser* e o *nada* estão contidos em tudo. Nele, o ser, que corresponde à tese, e o nada, correspondente a antítese, são momentos de um processo em que ambos são absorvidos ou superados pela antítese. Por exemplo: o homem quando nasce, o ser, deixa de ser quando morre.

A dialética é sintetizada por quatro leis ((Marconi e Lakatos, 2007, p. 83. Pabón Goméz *apud* Politzer, 2007, p. 83):

a) Ação recíproca, unidade polar ou "tudo se relaciona".

b) Mudança dialética, negação da negação ou "tudo se transforma".

c) Passagem da quantidade à qualidade ou mudança qualitativa.

d) Interpenetração dos contrários, contradição ou luta dos contrários.

É possível raciocinar dialeticamente na investigação criminal com o emprego endógeno de *antítese* visando negar a *tese* ou *hipótese* criminal, que pode redundar numa *síntese* que aponta pela inocorrência do crime, ou, pela ocorrência de outro crime que pode ser mais ou menos grave. Entretanto, o método dialético deve ser vigoroso na **fase processual** do caso, com a submissão ao contraditório e a ampla defesa.

4.5.3 Método de Germán Pabón Gómez

Numa vertente dialética Pabón Gomez (2007, p. 89) apresenta uma sistematização do processo cognitivo da investigação criminal, com a premissa que na teoria e na prática do conhecimento social interagem o sujeito e o objeto, mediante processos psicológicos, lógicos e ontológicos, os quais dialeticamente transitam desde a dúvida sobre algo, passando pela probabilidade e chegando à verdade ou certeza, percorrendo as seguintes fases:

1. Sensorial: é a fase de percepção sensorial de elementos materiais: vestígios, indícios, marcas, objetos e fenomenologias que refletem aspectos objetivos e subjetivos do fato criminal que são apreendidos com recursos técnico-científicos disponíveis para a investigação criminal

(2007, p. 94, 99). As informações podem ser buscadas pelo criminalista nas seguintes fontes: nas pessoas, nas coisas, nos indícios físicos e nos arquivos/registros físicos ou eletrônicos (Carlos A Guzmán, p. 77).

2. Abstração e concreção: pela inter-relação do sensorial com o racional, o sujeito cognoscente se separa do elemento sensorial e realiza generalizações que permitem apreender as propriedades, características, diferenças e singularidades do objeto, as quais possibilitam diferenciar um objeto de outro, através da análise, síntese, indução e dedução. Esta operação mental tem de seguir referência fornecida pela legalidade do procedimento e da prova (Gómez, 2007, p. 102 ss).

3. Conceitual: é uma fase do pensamento que se interagem reciprocamente os juízos, raciocínios e conceitos sobre o evento. O *raciocínio* permite deduzir conhecimento desconhecido ou por conhecer por outro conhecido, onde o raciocínio dependerá do estoque de conhecimento do sujeito, das máximas de experiência, das leis do mundo natural ou social. Pelo *juízo* é possível verificar se uma ideia reflete as coisas e fenômenos do mundo material, suas propriedades, vínculos e relações, se o fruto de pensamento é verdadeiro, falso, provável. Por fim, o *conceito* busca unificar uma ideia sobre o objeto a ser conhecido, a essência do fenômeno, o que é próprio e característico, aquilo que o identifica e diferencia de outro fenômeno. O conceito não pode escapar da conduta tipificada juridicamente e seus corolários fornecidos pela teoria do crime e pelo direito probatório (Gómez, 2007, p. 111 ss).

4. Verificação: É a fase que se comprova, se verifica a validade ou invalidade do conceito, mediante a construção, formulação e verificação de hipóteses sobre o evento criminoso investigado, de modo que se permita formular uma imputação, indiciamento ou acusação que pode implicar em responsabilização penal pela conduta praticada (Gómez, 2007, p. 142 ss).

Esta fase de verificação corresponde à fase final do processo de conhecimento, que conclui o pensamento investigativo, correspondente à corroboração descrita por Dutra, estudada no tópico abaixo, ou, a terceira fase do método abdutivo que verifica se a consequência observável predita realmente ocorreu, ou, o *explanandum* ou enunciado que descreve o fato a ser explicado no método hipotético-dedutivo.

A hipótese se adéqua melhor à fase inicial do método abdutivo quando ela é formulada para explicar um fato surpreendente, conforme vimos *supra* (tópico 4.1), cabendo à verificação confrontar os dados obtidos na fase sensorial com a hipótese formulada inicialmente. Portanto, o termo hipótese e seu significado linguístico são apropriados para a fase inicial da investigação, saliente-se que na formulação de uma hipótese ela se apoia em informações sensoriais disponíveis no início do percurso investigativo. A hipótese não pode ser vazia de informações extraídas do fenômeno investigado. Por outro lado, ela é objeto de contrastação na fase final da investigação, segundo Dutra, o que corresponde à averiguação ou corroboração da hipótese com os dados angariados.

4.6 Método pragmático de investigação de Dutra

Luiz Henrique de Araújo Dutra (2001, p. 131) em suas pesquisas sobre o método pragmático de investigação defende a existência de traços gerais em toda investigação científica e em toda investigação, nas quais algumas podem ser mais rigorosas, sistemáticas e profissionalizadas que outras, a depender do contexto da evolução histórica e "a oportunidades mais ou menos felizes das comunidades de investigadores ligadas a umas ou a outras dessas atividades todas", citando a filosofia, o jornalismo investigativo, a investigação policial, tecnologia e religiões.

No âmbito da investigação criminal nota-se pouco investimento em oportunidades para estudo da matéria que contemple a sistematização de uma teoria geral, como a que ensaiamos neste trabalho. Tal quadro se deve à falta de interesse da academia científica e da própria academia policial que se dedicam mais a estudar as técnicas policiais, como anotamos em outra oportunidade (2015, p. 52), mas principalmente no investimento em técnicas e tecnologias que agrada o estamento político e passa uma falsa sensação de segurança à população.

Dutra analisa a investigação como ação, onde descreve "um relato do comportamento dos investigadores, em determinado contexto de investigação ou de atividade mais especializada da investigação" (2001, p. 34). Considera elementos do contexto de descoberta, mas que também contém elementos validativos do método de justificação.

Inspirado em Dewey, Dutra (2001, p. 141) descreve quatro etapas para a investigação, assim definidas:

"1. a colocação do **problema**;

2. a elaboração de uma **hipótese**, visando solucionar o problema;

3. a constituição de uma **base de dados**, com a qual a hipótese vai ser comparada;

4. a constatação do acordo entre a **hipótese** e a base de dados, a **averiguação** propriamente dita." (Destaque do autor)

Noutro momento, Dutra (2008, p. 282. 2005, p. 171) apresenta o modelo ampliado para solução de problemas, também inspirado em Dewey:

"1. uma *situação indeterminada* de dúvida, na qual uma questão é colocada;

2. a *constituição de um problema*, isto é, perceber que aquela situação requer investigação;

3. a *determinação da solução para o problema*, ou seja, a indicação da possibilidade de solução do problema (uma hipótese) e as direções em que isso pode ser feito;

4. o *raciocínio*, ou o desenvolvimento das implicações ou consequências da hipótese ou solução aventada; e

5. a *corroboração* (ou verificação) da hipótese levantada, por meio de experimentação e observação ulterior." (Destaque do autor)

Este modelo pressupõe a existência de uma instituição para a consecução da investigação, ou seja, que se desenvolva no interior de certas instituições, com programa de pesquisa específico, dialeto e jargão próprios da tradição científica da área. É o caso da polícia judiciária no Brasil e diversos países estrangeiros.

O modelo pragmático de Dutra é muito fértil para o método investigativo criminal, uma vez diante de um evento criminal o criminalista poderá analisar em que fase se encontra e a partir daí desenvolver estratégias para avançar (ou não) no processo investigativo, até chegar ao final do percurso investigativo, com suas conclusões finais positiva ou negativa sobre o caso, que poderá subsidiar o indiciamento pela autoridade policial, a denúncia pela acusação, o manejo de instrumentos defensivos pelo advogado e, até mesmo, ao final do processo em juízo um veredito pelo magistrado, que também pode ser condenatório ou absolutório.

4.7 Procedimento do raciocínio lógico na investigação e seus critérios de validade e legitimidade

Vimos *supra* as fases do processo de conhecimento criminal elaborado por Gómez, de inspiração dialética, em que interagem entre si processos lógicos, psicológicos e ontológicos, para a formação de um enunciado sobre um fato criminal.

Como ação prático-social, histórica e cultural, como um *ato investigativo*, ainda é possível identificar três momentos no raciocínio lógico da investigação criminal, sistematizados por Maria Fernanda de Palma (2014, p. 11 ss), os quais são coerentes com os estudos até aqui desenvolvidos. A autora suscita a conexão que deve existir entre a base lógica da investigação criminal e os critérios de legitimidade, de validade e de verdade, que permitam formular hipóteses no marco do Estado de Direito, portanto o ato investigativo está jungido a regras e procedimentos. Vejamos estes momentos:

4.7.1 Momento inicial de formulação de hipóteses

Nesta fase o investigador deve conhecer o *máximo de informações sobre as circunstâncias do caso*, sem desconsiderar hipóteses e informações, portanto, na fase inicial há uma aproximação do raciocínio indutivo. Neste momento há um princípio de maximização dos critérios de conhecimento dos fatos, a abranger os conhecimentos sobre casos anteriores idênticos, as convicções dos investigadores e dos tribunais, as convicções comuns fundadas, assim como as tendências derivadas de regularidades de casos anteriores, o *modus operandi* de certos crimes, os vícios investigativos revelados em investigações anteriores.

Nota-se, que já nesta fase é imprescindível haver familiaridade do investigador com a matéria a ser conhecida, tanto no plano teórico-metodológico como no plano institucional defendido por Dutra.

No caso apresentado no exame do método indutivo *supra*, em que se concluiu que Luis Felipe matou Tatiane, foi verificado que ele submetia sua esposa a um relação abusiva, e no dia do crime a agrediu cruelmente na garagem e no elevador do prédio onde moravam, também havia sinais de esganadura no pescoço da vítima e os vizinhos relataram que ouviram grito por socorro da vítima, agregado ao fato de o investigado ter apagado as manchas de sangue no *hall* do edifício e fugido logo em seguida no carro da vítima.

Portanto, os elementos indutivos propiciam a formulação de hipótese inicial, cujo raciocínio se serve das informações fáticas disponíveis inicialmente, as quais são analisadas mediante as experiências anteriores ou o estoque de conhecimento do criminalista sobre fatos similares anteriores, que apontam que comportamentos abusivos contra mulheres, em contextos de violência doméstica e feminicídio, indicam a autoria para maridos agressores.

4.7.2 Intermédio: de avanço da investigação

É a fase seletiva e eletiva da investigação, quando as hipóteses fracas ou menos plausíveis são afastadas e começa-se a formular histórias consistentes ou modelos plausíveis de explicação do caso. Nesta fase o raciocínio deve estar livre de vícios lógicos, livre de pré-compreensões, de interesses pessoais do sujeito que investiga, e de toda interferência externa ao caso. Portanto, deve ser observado o princípio *de aproveitamento da experiência* e do *controle de interferência da subjetividade*. O objetivo é selecionar a melhor hipótese, a mais consistente.

No exemplo citado anteriormente, a hipótese de suicídio de Tatiane, foi desconsiderada devido à sua fragilidade, demonstrada pelas provas e informações coletadas com o avanço das investigações, as informações fornecidas por vizinhos e familiares, o acesso a mensagens de aplicativos, as perícias produzidas.

Na seleção das hipóteses, o criminalista deve se distanciar emocionalmente dos fatos, evitando que sentimentos, valores e gostos pessoais que interfiram na escolha de hipótese e na busca das respectivas provas. Corresponde à suspensão do juízo defendida por Husserl na fenomenologia.

4.7.3 Final: de exposição final da investigação

Nesta fase é demonstrado o conhecimento produzido, certo, limitado, enriquecido por circunstâncias coincidentes e outros critérios de análise, chegando-se a uma conclusão para um conhecimento possível e limitado ao caso investigado e permitindo a formulação de um enunciado ou conclusão sobre o caso investigado.

Segundo Palma (2014, p. 8 e 14), nesta fase é formulado o raciocínio investigatório do silogismo da abdução, pelo qual de um conhecimento limitado e certo de um caso é possível atingir um conhecimento mais geral que engloba o próprio caso, ou seja, ascender de um caso particular para um princípio geral baseado em regras de plausibilidade derivada de experiência e da invenção criadora.

O conhecimento obtido no final da investigação, após a apreensão das informações iniciais, formulação e seleção de hipótese, seguindo-se do fechamento do caso com uma conclusão fundamentada em procedimento lógico e probatório coerente, ou seja, o resultado da investigação estará disponível à crítica, refutação e falseamento pelos demais atores do sistema de persecução criminal.

4.8 Metodologia e discricionariedade na investigação criminal

Ao se debruçar sobre os métodos da investigação criminal somos levados a analisar se nela existe ou não discricionariedade. Se o criminalista tem liberdade na escolha do método ou liberdade para investigar.

Podemos analisar a discricionariedade no tocante ao agir ou não agir, ou, iniciar ou não iniciar uma investigação, assim como podemos refletir sobre uma discricionariedade metodológica que aponta para *como* investigar.

Metodologicamente não é viável adotar e seguir rigidamente um método para todas as investigações. Como defende Germán Pabón Goméz (2007, I, p. 154), não é possível formular "regras de ouro" nem formas especiais, apesar da investigação criminal buscar conclusões verdadeiras. Isto está associado às dinâmicas, singularidades e diferentes variáveis apresentadas pelos casos criminais. As dinâmicas são multi-interativas com densidade e intensidade variáveis, com eventos sucessivos, conexos ou desconexos, contínuos ou descontínuos (Muniz e Proença, 2014, p. 296). Existem casos sem autoria, mas com materialidade; outros possuem tais elementos incompletos; alguns iniciam de forma vistosa, mas avançam em direção a não ocorrência ou atipicidade criminal; as tipologias criminais são variadas e distintas, por exemplo, há crimes materiais e crimes de perigo, contra a pessoa e contra administração pública, organizado e não organizado etc., os quais também devem ser analisados no aspecto valorativo e epistemológico, tendo sempre em mente as questões de legalidade, tipicidade da conduta, legitimidade e licitude das provas e diligências policiais etc.

As variáveis descritas acima podem ser cogitadas e até mesmo encontradas, nos casos colocados para raciocínio no tópico 2.6. No primeiro caso (atitude de prefeito em desfile de 7 de setembro), pode se caminhar para atipicidade criminal e, apenas, subsunção a ilícito civil ou administrativo. No segundo caso (indivíduo com sinais exteriores de riqueza incompatível) os fatos podem ser sucessos e contínuos, com suspeita de crime contra a administração pública e lavagem de dinheiro do cunhado do suspeito. No caso de furtos em veículos pode-se contar com materialidade bem definida, mas a autoria ignorada. Da mesma maneira poderá tomar o rumo da investigação do quinto caso (roubo de veículos), cuja dinâmica poderá englobar vários autores agindo de forma organizada, a requerer investigação demorada com emprego de técnicas especiais de investigação, que reclamam rigor no tocante à legitimidade e licitude das provas angariadas.

Por esta razão, o criminalista age com discricionariedade no tocante aos rumos a ser adotado numa investigação, fazendo escolhas na entrada, seguimento e encerramento da investigação criminal, com variação tática e estratégica que leve à boa consecução da atividade, que dependerá da capacidade investigativa do criminalista e dos recursos humanos e técnicos disponíveis.

Consequentemente o método a ser empregado dependerá das variáveis do caso a ser investigado, podendo ser útil e adequado empregar a abdução para descoberta de elementos desconhecidos do caso, sem hipótese criminal, ou, pode-se usar o método dedutivo ou nomológico-dedutivo para instruir casos que dispõem de hipóteses firmadas, inclusive, determinado caso pode ser submetido à falseabilidade preconizada por Popper ou à dúvida metódica, diante de incongruências ou possível preconceito na sua construção inicial.

Portanto, cabe ao criminalista avaliar cada caso e adotar o método mais adequado para cada investigação, escolher a tática e a estratégia a seguir, as técnicas mais aptas e legítimas, tendo como pano de fundo as orientações jurídicas e processuais pertinentes, com destaque para as provas ilícitas, as restrições processuais, as questões de prazo e forma dos atos processuais.

Pode-se afirmar então que existe uma liberdade total na escolha de métodos e técnicas? A resposta é negativa já que as restrições ou barreiras epistemológicas acompanham o criminalista em todo o percurso investigativo. Podemos recensear as seguintes:

1. Restrições impostas pelo Código de Processo Penal no procedimento do inquérito policial, ao descrever as diligências; sobre a iniciação e encerramento do feito; modo, forma, tempo e prazos de atos investigativos. Também, normas sobre provas, perícias e medidas cautelares.

2. Limitações ao conhecimento de fatos criminais derivadas de normas constitucionais e legais no tocante a intimidade e vida privada, proteção do domicílio, prisões, inviolabilidade pessoal, identificação criminal, provas ilícitas ou ilegítimas, cujo interesse pela verdade pode ceder diante de outros interesses previstos no ordenamento constitucional.

3. Restrições derivadas da organização policial, ao criminalista oficial, quando fixa diretrizes para o desenvolvimento da investigação, no tocante à sua oportunidade e iniciativa quando estabelece prioridades, conteúdos e objetos da investigação.

4. Restrição de ordem metodológica na qual o investigador deve seguir regras específicas de um contexto de investigação do qual ele se insere, portanto, como os contextos são abertos e dependem do ambiente social, as regras metodológicas podem ser explicitadas em manuais ou implícitas na cultura da organização policial (Dutra, 2001, p. 157 ss). Estas regras variam de acordo com as diversas matérias (contextos) investigadas, cujos métodos podem ser distintos.

Também, concordamos com Maria Fernanda de Palma, ao adotar critérios lógicos que assegurem legitimidade, validade e verdade à investigação. Com isso, denota-se que a autonomia investigativa é relativa.

Já a discricionariedade na seleção de casos que serão investigados, dogmaticamente vigora o princípio da obrigatoriedade e indisponibilidade da investigação criminal, em que, diante das ocorrências criminais a autoridade policial é obrigada a instaurar e seguir com a investigação até o final.

A obrigatoriedade da investigação e processamento dos casos penais vem cedendo espaço ao princípio da oportunidade, permitindo ao Estado por meio da investigação selecionar os casos que serão investigados, processados e punidos, com fundamento em diversas razões, seja de política criminal, seja de restrições financeiras, de eficiência do sistema etc.

No Brasil existe regramento jurídico mitigando a obrigatoriedade, desde os crimes de menor potencial ofensivo (Lei nº 9.099/1995) e, mais recente, a Lei nº 12.850/2013 que regulamentou a colaboração premiada na investigação da criminalidade organizada. Estes diplomas e outros correlatos consolidam a investigação e a justiça negociada no Brasil, chegando a constituir um microssistema de justiça (Mendonça, 2017, p. 74). Soma-se ainda o reconhecimento do princípio da insignificância aplicado em diversas situações, inclusive nos débitos tributários cujo valor é inferior a patamar estabelecido pelos tribunais superiores.

Na realidade brasileira, as polícias investigativas selecionam os casos que serão submetidos à investigação, em virtude de deficiências estruturais, já que é impraticável investigar todos os casos que lhes chegam ao conhecimento, o que, também, impossibilita focar a atuação na repressão aos crimes mais graves e que afetam bens jurídicos de elevada grandeza.

Embora predomine o princípio da obrigatoriedade e indisponibilidade na investigação e no processo, a realidade impõe uma ação discricionária e seletiva da autoridade policial, conferindo-lhe certa oportunidade na investigação. Esta oportunidade pode se traduzir num filtro nos casos que serão investigados, mas também no nível de cognição dos fatos conforme sua gravidade, no tocante aos sujeitos investigados e à matéria.

Pelas linhas acima se conclui que a autonomia investigativa é relativa, e não alinhamos à discricionariedade ampla pregada por Muniz e Proença Júnior (2014, p. 496), que chegam a defender que a "a decisão sobre a forma de agir pertence inescapavelmente ao policial individual, que depende de seu poder discricionário para poder realizar o seu trabalho".

4.9 Método de comprovação na investigação criminal: a prova criminal

A ciência da investigação criminal cuida da forma como os crimes são praticados e são investigados, os métodos e técnicas de descoberta e de coleta, análise e instrução de vestígios, indícios e fontes de provas que produzam conhecimento sobre crimes, sem se afastar da dogmática processual penal e processual constitucional, transversais à investigação e ao processo penal.

O termo prova pode ser ambíguo em virtude de seu estudo em vários ramos. No âmbito da investigação criminal uma definição de matiz lógico calha bem aos nossos estudos, consistente em todo elemento idôneo para fundar uma inferência capaz de oferecer apoio a uma asserção sobre um fato (Taruffo, 2011, p. 328). Contudo, além de ser um procedimento lógico, também é técnico e jurídico definido como *mecanismo de fixação formal de fatos* (Carnelutti *apud* Beltrán, 2005, p. 38. Knijnik, 2007, p. 25), submetido a regras e restrições impostas pelo direito probatório.

Os vocábulos bastante empregados ao longo deste trabalho de averiguar, verificar e esclarecer, comuns aos processos lógicos da investigação, também possuem forte carga semântico-jurídica, e estão relacionadas ao vocábulo *comprovar*. Verificar pode ser considerado sinônimo de comprovar e está intimamente ligada à fase de confirmação dos fatos. Para aprofundamento semântico dos termos remeto o leitor ao tópico 2.7.

Toda pesquisa sobre os elementos fáticos de uma infração penal deve ser orientada por normas probatórias no tocante a legalidade, legitimidade, forma e sujeito, tornando imprescindível ao criminalista conhecer estas normas e, também, alguns conceitos sobre a matéria. Vejamos algumas brevíssimas noções sobre provas, seguindo Antônio Scarance Fernandes (2011), Vera Kaiser Sanches Kerr (2011), Guilherme Madeira Dezem (2008) e Coriolano Cobra (1965).

4.9.1 Noções gerais sobre prova

4.9.1.1 Fonte de prova

É a pessoa ou coisa nos quais se obtêm o elemento de prova, que podem ser fontes **pessoais** (testemunhas, vítimas, acusados, peritos) e fontes **reais** (documentos e objetos) (Kerr, p. 53).

4.9.1.2 Meios de produção de prova

Meios de prova ou meios de produção de prova, são os instrumentos ou atividades pelos quais os elementos cognitivos são introduzidos no processo (Kerr, p. 53).

4.9.1.3 Prova típica

São os meios de provas previstos nas normas processuais e com procedimentos próprios: testemunha, perícia, documento, interrogatório, reconhecimento pessoal e de coisas (Fernandes, p. 15).

4.9.1.4 Provas atípicas:

Quando a prova e seu procedimento não são previstos em lei e, por vezes, podem não ser essencial ao processo criminal. A acareação, reconstrução e reconstituição do crime são exemplos previstos no Código de Processo Penal brasileiro (Fernandes, p. 23), mas não possuem uma regulamentação sobre seu procedimento.

É a prova prevista em lei, mas sem procedimento jurídico próprio, ou, quando nem ela e nem o procedimento são regulados por norma legal (Kerr, p. 56. Fernandes, p. 15).

4.9.1.5 Prova anômala

É o emprego de meio de prova diferente do previsto em lei. Exemplo: MP ouve testemunha em seu gabinete e junta depoimento que deveria ser colhido em audiência judicial (Kerr, p. 57).

4.9.1.6 Prova irritual

É a prova colhida sem observância do procedimento prevista em lei, gera nulidade ou ilicitude se usada no processo (Kerr, p. 56).

4.9.1.7 Prova nominada

É a prova prevista em lei, com ou sem procedimento legal, mas não há previsão quanto ao seu procedimento. Exemplo: reconstituição de crime, que é nominada e atípica (Kerr, p. 57).

4.9.1.8 Meios de pesquisa ou obtenção da prova

São os procedimentos previstos no ordenamento jurídico realizados geralmente na investigação criminal, para descobrir e coletar provas materiais e pessoais sobre um crime: a) os exames, as vistorias, as revistas; b) as buscas, as apreensões, os sequestros; c) as ações especiais para investigação de criminalidade organizadas, como as ações encobertas, a infiltração policial, as interceptações, as quebras de sigilo (Fernandes, p. 41).

São os procedimentos investigativos empregados para descobrir e obter provas pessoais ou reais. Podem empregar a surpresa na descoberta e obtenção das provas (Kerr, p. 54), geralmente são usados técnicas e instrumentos típicos da ciência da investigação criminal.

4.9.1.9 Admissão da prova atípica

A regra no processo penal é a *liberdade probatória*, exceto quando: a) houver prova típica à disposição; b) houver alguma restrição quanto à prova do fato pela lei civil; c) houver limitação quanto às regras de proibição probatória (Dezem). Somente serão aceitos meios atípicos de prova que não representem restrições a direitos individuais (Kerr, p. 72. Fernandes, p. 41).

4.9.1.10 Provas subjetivas e objetivas

Na investigação policial as provas são classificadas em provas objetivas e provas subjetivas, como comumente vemos nos manuais policiais, entre eles em Coriolano Cobra (1965, p. 24).

A doutrina de fontes humanas e fontes não humanas oriunda da denominada inteligência policial, não é apropriada para a matriz cognitiva da investigação policial, portanto, ao operador da investigação policial e ao criminalista em geral é preferível adotar a classificação exposta por Cobra, por servir aos estudos de uma investigação criminal que não se afasta das orientações do direito processual penal.

4.9.1.11 Provas subjetivas ou informativas

São as informações ou notícias provenientes de pessoas envolvidas no evento criminal investigado, as quais tomam conhecimento do fato ou de parte dele, seja direta ou indiretamente, como o investigado, a vítima, a testemunha, a acareação e o reconhecimento de coisas ou pessoas (Cobra, 1965, p. 24-25).

4.9.1.12 Provas objetivas ou materiais

Também conhecidas como provas físicas ou mudas, são os vestígios deixados pela prática do crime, as alterações físicas deixadas pelo agente criminoso na vítima e no ambiente da ocorrência criminal. São os objetos que sofreram alterações na dinâmica criminal, como o instrumento do crime, um veículo, uma porta arrombada etc.

Elas estão compreendidas na vertente materialista da dinâmica criminal, e possibilitam manejar alguns construtos teóricos próprios da investigação criminal, como os princípios da correspondência e da transferência, as quais não abarcam toda gama de tipologias criminais, uma vez que a maioria dos crimes, na práxis policial, não há vestígio físico a ser investigado.

4.9.1.13 Provas complementares

São aquelas provas que complementam a instrução do caso investigado relacionadas ao estado do agente criminoso, retratada na sua correta identificação pessoal; na apuração criminológica de seu estado de ânimo; e sua vida pregressa. Também se inclui a reconstituição do crime.

Esta prova pode ser importante para fazer a correlação do autor do crime com a habitualidade criminal, auxiliando também ao magistrado quando for sentenciar o agente, quando deverá atentar "à culpabilidade, aos antecedentes, à conduta social, à personalidade do agente, aos motivos, às circunstâncias e consequências do crime, bem como ao comportamento da vítima, estabelecerá, conforme seja necessário e suficiente para reprovação e prevenção do crime", de acordo com o artigo 59 do Código Penal.

4.9.1.14 Prova direta

Também chamada histórica, é aquela em que o fato que se quer provar surge diretamente e espontaneamente, sem nenhuma mediação e sem necessidade de raciocínio da fonte ou meio de prova. Exemplos: confissão do autor do crime, provas testemunhal e documental, inspeção judicial. Ainda, é a observação imediata do fato que se refere o enunciado ou hipótese criminal, que se traduz no procedimento probatório que consiste na contrastação empírica direta do enunciado (Abellán, 2010, p. 80).

Cobra apresenta uma definição simplificada defendendo que são aquelas "que mostram, de maneira clara e precisa, o que se procura esclarecer, permitindo, assim, prontas conclusões" (1965, p. 25).

4.9.1.15 Prova indireta

Conhecida como prova indiciária ou circunstancial, é aquela em que o fato que se quer provar não surge diretamente da fonte ou meio de prova, ela requer um raciocínio para formar uma conclusão sobre o fato. Desta maneira é incapaz de formar a convicção por si só, necessitando de inferências para se firmar a verdade sobre o fato investigado (Abellán, 2010, p. 80).

Decorre que todas as provas sobre fatos históricos do passado são indiciárias ou indiretas, porque a percepção do fato ocorre pela intermediação da testemunha, do autor, da vítima, do documento etc., a requerer inferências que levem em conta a qualidade da prova, a questão da memória da testemunha etc.

Ferrajoli (2010, p. 173), escudado em Bentham, adverte que exceto os crimes cometidos na audiência, em que o fato probatório se identifica com o fato que se quer provas, não existe prova direta.

4.10 Método na investigação criminal complexa: dificuldade criminalística

Hoje a investigação criminal enfrenta o paradoxo do risco de não esclarecimento ao lado do dever de esclarecimento completo dos fatos, conforme doutrina de Danilo Knijnik (2015, p. 79):

> O risco de não esclarecimento decorre não apenas da complexidade e da pluralidade dos nexos de causalidade. Ele também é fruto da introdução vertiginosa das mais impressionantes tecnologias, não apenas no âmbito da sociedade em geral, mas, também e principalmente, na dinâmica da investigação, da pesquisa e do esclarecimento de fatos típicos.

Segundo o autor, a impossibilidade de esclarecimento se deve, entre outras razões, ao estado da ciência em determinado momento histórico ainda não alcançou grau de maturidade suficiente ou desenvolvimento necessários para o esclarecimento das causas dos fatos.

É uma característica da criminalidade organizada a dificuldade criminalística ao seu conhecimento, retratada pela complexidade estrutural no tocante aos elementos pessoal, temporal, causal e modal. Destaca-se a simbiose estrutural do fenômeno junto ao meio ambiente que ele sobrevive, a proporcionar ganhos econômicos a redes e empresas criminais interligadas entre si, que vivem na sombra da sociedade e aproveitam a globalização e a internacionalização da economia, com seus controles ineficazes ou cheios de lacunas.

A relação simbiôntica entre a atividade ilegal com a sociedade legal torna-se conatural, os ambientes estão imbricados e os espaços homogeneizados, a empresa ilegal aproveita a porosidade do ambiente social e infiltra nos centros de tomada de decisão econômica, política e financeira, tornando difícil a definição do que é crime e, principalmente, de captar seus elementos observacionais: os vestígios, os indícios, o corpo do delito, uma vez que se tornam opacos, difumiados e difusos, sem um ato definido no tempo, lugar e modo, mas manifesta-se pelo conjunto de atos que, ao serem desvelados, torna-se possível identificar os traços das partes, portanto, através de provas indiretas.

Como assinala Caldeira (2016, p. 145), são aqueles crimes não perceptíveis sensorialmente, ou quase invisíveis ou de difícil percepção sensorial, como os crimes econômicos que não deixam rastros visíveis, mas dados contábeis e documentos interpretáveis.

O processo de socialização do grupo social oficial e do grupo criminoso está inter-relacionado, não há distinção entre eles, a convivência segue lógica de complementaridade, uma vez que o crime está por todo lado, há o processo de fractalização da sociedade na qual os múltiplos grupos sociais inter-relacionados são diferentes no seu conteúdo, mas são similares na sua estrutura. Este fenômeno é perfeitamente visível em regiões onde toda estrutura, ou parte dela, está contaminada pela criminalidade, como pode ser observado em regiões fronteiriças cuja atividade econômica gira em torno do contrabando ou trânsito de mercadorias ilícitas, ou, em cidades ou unidades da federação que sobrevivem apenas de repasses de verbas do governo federal, em que grupos organizados se instalam no poder e torna toda sociedade permeável ao proselitismo político e social.

Estas empresas criminais operam no mercado ilegal de bens e serviços, ao lado do mercado legal, explorando campos prósperos segundo a lógica do mercado criminoso, como o tráfico de pessoas, drogas, armas, animais exóticos e espécimes raros, a prostituição, a pornografia infantil, o jogo proibido, a falsificação de produtos, o furto de obras de arte, o furto de veículo, a exploração e o contrabando da riqueza mineral, natural, principalmente de pedras preciosas.

As organizações criminosas exploram os ambientes frágeis de algumas nações pouco estruturadas, ou, até mesmo, de alguns estados brasileiros que não estão dotados de sistemas de controle bem estruturados e, quase sempre, permeáveis as ações corruptoras que envolvem ampla ou total contaminação das esferas de governo que permitem o avanço destas empresas sobre o patrimônio e as finanças destes estados.

O território brasileiro possui dimensões continentais que permitem a operação de organizações criminosas em unidades federadas diversas, com dinâmica operativa semelhante a outras áreas onde os criminosos operam em países distintos, com o facilitador da língua comum entre os estados. Há quadrilhas de assaltantes de bancos ou carros fortes que operam em regiões brasileiras distintas, p. ex., os assaltantes de bancos que operam no nordeste também migram para o centro-oeste e vice-versa; as organizações que cometem fraudes bancárias no Maranhão também operam nos estados do sudeste, onde, ainda, buscam refúgio para se homiziar; empresas dedicadas a fraudes em licitações atuam nas mais diversas regiões do país, buscando sempre servidores dispostos a venderem seus serviços.

Diante da assinalada dificuldade criminalística, a sociedade e os governos buscam desenvolver políticas criminais compatíveis ao fenômeno do crime organizado, que podem ser sintetizadas pela tipificação penal destes fenômenos e pela dotação das autoridades persecutórias de instrumentos investigativos ocultos e especiais, de cariz invasivo à liberdade das pessoas que permitam o conhecimento desta criminalidade, seu processamento e julgamento.

Neste paradigma de criminalidade complexa, o método investigativo evoluiu com a incorporação de novas técnicas investigativa. No entanto, a investigação também tem de evoluir metodologicamente, para tal são férteis os estudos sobre a teoria da complexidade associada à teoria dos sistemas, que fornecem subsídios para a formatação de novos métodos, com nova percepção criminalística. Eliomar da Silva Pereira (2015, p.19-210. 2019, p. 86 ss) **já advertiu sobre o desafio de compreender a criminalidade organizada no paradigma da complexidade e dos sistemas. Acrescentamos também o recurso ao pensamento da teoria do caos, mas, principalmente o manejo do pensamento fenomenológico associado à teoria da** *gestalt* ou psicologia da forma.

Fritjof Capra (1996, p. 25) ao estudar a **teoria sistêmica** defende o paradigma holístico de análise dos organismos, concebendo o mundo como um todo integrado, ao invés de uma coleção de partes dissociadas onde todos os fenômenos estão entrelaçados e interligados. No pensamento sistêmico é utilizado modelos de redes em todos os níveis do sistema, em que os organismos são redes de células, órgãos e sistemas de órgãos, formando um ecossistema, no qual **há um fluxo de matéria e de energia entre eles** (Capra, 1996, p. 44).

A psicologia da *gestalt* ensina que percebemos as coisas como padrões de percepções integradas, em vez de elementos isolados que são somados ou juntados para formar uma síntese do objeto percebido (Capra, 1996, p. 42), ou seja, o todo é mais que a soma de suas partes. Isso significa que não temos sensações pontuais, incompletas e parciais de uma coisa, com qualidades distintas, mas sentimos e percebemos formas como totalidades estruturadas dotadas de sentido ou de significação (Chauí, 2004, p. 133 ss). Nas imagens abaixo percebemos as formas das coisas ou estruturas globais dotadas de sentido, ao invés de coisas isoladas que se juntam:

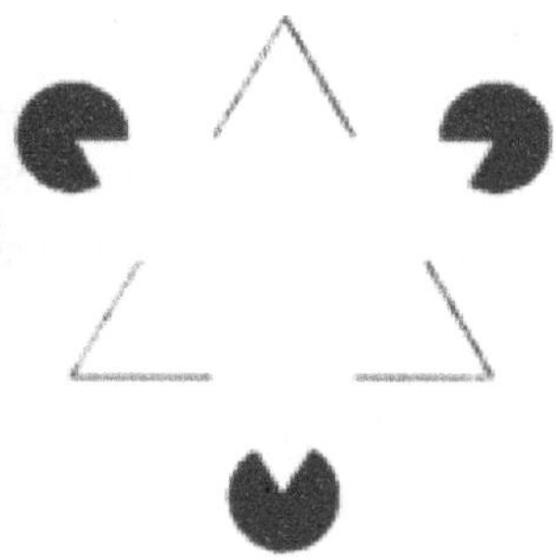

Nota-se que o alcance da organização na sua totalidade possibilita a percepção das unidades que compõem seu corpo, numa lógica dedutiva, ao contrário da investigação indutiva em que pelas unidades se chega ao evento geral.

Adotando a **teoria da rede e da complexidade** (Castells, 2011, p. 605), a investigação deve concentrar seu esforço investigativo nas relações entre os pontos da rede, quando o meio interno se relaciona com o meio externo e então deixará vestígios de suas relações, ou do fluxo de matéria ou energia entre os organismos.

Além da percepção dos sinais deixados pela interação interna e externa dos sujeitos investigados, no processo de descoberta e reconstrução de um fenômeno complexo, é necessário debruçar sobre seus antecedentes, confrontando-os com o sucedido temporalmente no presente, quando se torna fértil para a construção de hipóteses e a busca de provas. Da mesma forma, a investigação deve debruçar sobre o comportamento de suspeitos após o crime, contrastando-o com o perfil de comportamento do passado.

A superação da dificuldade criminalística reside na exploração da principal nota dos sistemas complexos que se expressa na multiplicidade, interdependência e diversidade, seja de agentes, partes, conexões, tempo, espaço, ações etc. Como são múltiplas e interdependentes as ações visando dar vida ao sistema complexo, durante longo tempo, mais vulnerável se torna o sistema de proteção da organização complexa, ficando suscetível de detecção de seus movimentos por mecanismos ordinários de fiscalização, ou, por uma investigação especializada que leve em conta estes fatores.

No enfrentamento criminalístico, importa ao investigador analisar os seguintes tipos de complexidade: estrutural, técnica, direcional (escopo) e temporal, assim como suas dimensões: tecnológica, social, financeira, legal, organizacional e temporal, conforme recensão de Lukosevicius (*et al.*, 2016, p. 8-9)

Referida estratégia criminalística reside no pensamento descrito por Edgar Morin, em que a complexidade é um fenômeno quantitativo devido à imensa quantidade de interações e interferências entre um número muito grande de unidades. Concordamos com o autor (2008, p. 121) quando explicita que "o pensamento complexo não resolve ele próprio os problemas, mas constitui uma ajuda à estratégia que pode resolvê-lo".

Conjugado com o princípio de intercâmbio ou transferência, amplamente conhecido e praticado na investigação criminal, na criminalidade complexa, o criminalista investiga o fluxo de comunicação entre os agentes, ou seja, as comunicações internas da organização criminosa e as comunicações com outros nodos (nó), inclusive a comunicação oculta mantida com as vítimas na fase de preparação e execução da ação criminosa, quando os agentes mediante fraude invadem a intimidade e privacidade das vítimas com objetivo de coletar informações para a execução de crime.

Além do fluxo comunicativo, a investigação pode acompanhar os deslocamentos internos e externos dos agentes criminosos, levando em conta que o organismo criminoso como sistema aberto interage com o ambiente externo para prover os meios e informações para planejar, executar e garantir a fuga sem deixar rastros.

Denota-se que é impraticável a ação criminosa, no paradigma da complexidade, sem a criação e exploração de canais de comunicação nos âmbitos internos e externos, quando são trocadas energias, informações, meios e modos da prática criminal, as quais são difusas e opacas no espaço, tempo, sujeito e modo, o que requer capacidade heurística integrativa do criminalista, com pensamento sistêmico e elevada capacidade de enxergar as conexões, as malhas da rede com seus nós.

Devido à dificuldade criminalística, o investigador pode recorrer às técnicas ocultas e especiais de investigação para alcançar e conhecer a dinâmica criminal, desde as técnicas de interceptação de comunicações, a vigilância eletrônica, a localização e a vigilância à distância etc., a depender do contexto da criminalidade investigada, sem perder de vista que o pensamento sistêmico é pensamento contextual e ambientalista no qual sua explicação depende do exame do meio ambiente a que está sujeito, como salienta Fritjof Capra (1996, p. 46-47).

Como em muitos destes crimes não há alteração física de coisas, o princípio materialista da investigação criminal não oferece muito subsídio para a investigação, embora não se deva descartá-lo, realçando então a capacidade de raciocínio do investigador de integrar os sinais captados dentro da trama criminosa para formar hipóteses criminais de forma integrativa, sobre as quais se extraem consequências que podem ser experimentadas ou testadas.

Neste novo paradigma de enfrentamento da criminalidade, assumem importância os recursos tecnológicos para a investigação criminal, nas seguintes áreas: vigilância e detecção, identificação, tratamento de informação, comunicação, organização e administração, intervenção e deslocação, conforme estudos de Nogala (*apud* Cabral, 2007, p. 65).

Como corolário desta investigação sistêmica, da criminalidade organizada e complexa, se avulta o interesse pela análise dos crimes cibernéticos, devido ao seu potencial na prática criminosa e sua disseminação na criminalidade em geral. Stenio Santos Sousa (2016, p 149) chega a realçar que nos crimes de abuso e violência sexual contra menores, os arquivos de imagens armazenadas em computador revelam-se como verdadeiro local de crime.

São variadas as modalidades de crimes cibernéticos: exploração sexual infantil, terrorismo, *cyberbullying*, fraudes, ameaça, *hackers*, *fake news* etc.

Tais crimes cibernéticos seguem a lógica de redes interligadas, podendo se conjecturar num subsistema de investigação, a englobar as seguintes vertentes:

1. A fraude cibernética no comércio eletrônico.
2. A internet como meio para a prática de outros crimes.
3. A internet usada para planejamento do crime.
4. A internet para movimentar valores auferidos pelo crime.

4.11 Técnicas de investigação

Discorremos nos tópicos anteriores sobre os diversos métodos da investigação criminal, desde métodos lógicos passando por métodos pragmáticos e métodos deontológicos, que apontam caminhos que podem ser seguidos pelo criminalista. Eles pressupõem o manejo de técnicas adequadas para cada contexto investigativo.

Não é possível elencar todos os meios de obtenção de fontes de prova, havendo os meios típicos e os atípicos, os quais dependem da evolução técnico-científica dos instrumentos à disposição da investigação, mas pode-se recensear algumas previstas no Código de Processo Penal e outras leis, inclusive àquelas que são consideradas técnicas ocultas e outras técnicas especiais de investigação.

4.11.1 Meios ocultos de investigação

Os meios ocultos, encobertos ou secretos de investigação criminal se tornaram o "porto seguro" para a investigação criminal, a haver quase um consenso (às vezes perigoso) no seu emprego na criminalidade organizada, apesar da alta invasividade às esferas de liberdade dos cidadãos. Seu emprego exige a conjugação de vetores criteriosos de excepcionalidade e indispensabilidade nestes meios de obtenção de prova (Santos, 2013).

O modelo tradicional ou clássico de investigação baseado no vetusto princípio da transferência ou intercâmbio, criado por Edmond Locard, em 1912, não acompanha a nova criminalidade organizada e complexa, com ações difusas, múltiplas, assimétricas e desterritorializada, sem vítimas definidas.

Pelo princípio da transferência, no delito há intervenção de três fatores, o autor, a vítima e o cenário. A vítima deixa resíduos no autor e no cenário, e o cenário deixa seus resíduos no autor e na vítima. Estes resíduos ou rastros, no caso de serem localizados, vinculam uns aos outros.

Nos crimes complexos e organizados, a captação dos elementos sensoriais não se efetiva pela busca, coleta e análise de vestígios físicos deixados pela ação criminosa, agora usa-se as técnicas especiais de investigação, ou os meios ocultos de investigação para conhecer os sinais - geralmente digitais - e as respectivas ações dos criminosos, seu *modus operandi*, os elementos objetivos e subjetivos do crime e as provas correspondentes. Exemplos: infiltração, interceptação telefônica e telemática, busca exploratória, vigilância eletrônica etc.

Os meios ocultos correspondem às provas de 3ª geração estudadas por Danilo Knijnik (2015, p. 82)

> É nesse panorama que se inserem as chamadas provas de terceira geração, a que se poderia associar, igualmente, um direito probatório de terceira geração, a ser, ainda, melhor pensado e definido. Provisoriamente, trata-se de provas invasivas, altamente tecnológicas, que permitem alcançar conhecimentos e resultados inatingíveis pelos sentidos e pelas técnicas tradicionais até então adotadas.

Podem ser elencadas as seguintes técnicas ocultas:

- Interceptação telefônica e telemática, que evoluiu para as diversas formas de acesso as telecomunicações: a comunicação por internet e depois por smartphone, quando se tornou possível obter dados de localização do usuário de telefonia celular[9].
- Acesso e análise de Estação Rádio Base (ERBs).
- Acesso a dados de *smartphone*: os e-*mails*, aplicativos de troca de mensagens rápidas, fotografias, dados de navegação, agenda telefônica, dados bancários, hábitos.
- Recuperação de dados deixados em navegação pela internet, ou outro meio tecnológico.
- Infiltração de policial na internet (art. 53 da Lei nº 11.343/06 e art. 10, § 2.º, da Lei nº 12.850/13).
- Busca e apreensão de mensagens de correio eletrônico (e-mails) armazenadas em servidor, com autorização judicial.
- Vigilância eletrônica, infiltração virtual e busca informática.
- Localização e rastreamento por GPS.

---

[9] Confira os apontamentos de PERAZZONI, Franco, *Da investigação e dos meios de prova, In: Organizações criminosas: teoria e hermenêutica da Lei nº 12.850/2013*. SILVA PEREIRA, Eliomar da Silva. BARBOSA, Emerson Silva (Org.). Porto Alegre: Núria Fabris, 2015, p. 137-188.

- Ação encoberta, pela captação e registro de imagem e som em ambientes.
- Busca exploratória, exploração de local ou entrada controlada, cujo marco inicial foi a Operação Furação da Polícia Federal, legitimada no Inquérito 2.424 do STF (Anselmo, 2017, p. 171 ss).
- Coleta oculta de tecidos para exame de DNA.
- Uso de informantes.
- Vigilância oculta ou observação.
- Entrega controlada.
- Estória cobertura e disfarce.
- Acesso autorizado judicialmente a dados bancários, fiscais e financeiros e outros dados armazenados em bancos de dados públicos e privados.
- Empresa de fachada ou empresa sob cobertura, ou ainda, operações *front-store*.
- Emprego de *drones* para vigilância e captação de imagens com câmeras de alta precisão[10].
- Emprego de testemunho oculto e anônimo (Maciel, 2015, p. 215 ss).
- A delação premiada investigativa, na qual o delator não é obrigado a depor em juízo sobre os fatos investigados.

A captação de dados do mundo exterior procede através dos órgãos do sentido, possibilitando a mediação de fótons em imagens[11], de vibrações em sons e reações químicas em estímulos gustativo e olfativo.

---

[10] Sobre o uso de aeronaves remotamente pilotadas ou drones na investigação criminal, consulte NOGUEIRA JORGE, Higor Vinicius, *Investigação criminal tecnológica*, vol. 2.

[11] Sobre o olho como sensor de informações visuais, ver VIGNAUX, George. *As Ciências Cognitivas*. Lisboa: Instituto Piaget, 1995, p. 184.

Esta capacidade sensoperceptiva é otimizada por recursos tecnológicos baseados em sensores que incrementam os estímulos do mundo físico: imagem, som, calor. As tecnologias digitais e equipamentos minúsculos permitem a captação e transmissão das informações para outro suporte, em que pode ser investigada a modalidade, a intensidade, o tempo e a localização de coisas e pessoas. Os sensores associados à dimensão profundidade permitem empregar meios tecnológicos que aproximam ou distanciam dos alvos, possibilitam a visualização de ambientes e coisas distantes, incluindo a penetração no corpo de objetos e organismos e possibilitam a exibição e, a consequente, exploração de interiores deles, fundamentais para a investigação de propriedades e alterações físicas de interesse criminal.

A natureza tecnológica de alguns meios ocultos de investigação permite ao investigador ver e ouvir sem ser notado, assistir sem estar no cenário. Mas o investigador pode interagir com os investigados e seu ambiente por meios ocultos, sem identificar sua condição, por exemplo, através da infiltração ou por intermédio de colaboradores como temos visto maciçamente nas investigações da Polícia Federal, em suma, por procedimento simulado ou mascarado. O investigador desenvolve, então, a representação de um personagem no contexto investigado, ou, a pessoa do ambiente investigado passa a colaborar com a investigação.

Os métodos ocultos de investigação sofrem severas críticas de parcela da doutrina, como vemos em Malan (2015, p. 294 ss), devido à invasividade, à amplitude, ao segredo e à ausência de âmbitos-tabu, aquele ambiente indevassável da personalidade humana, então, acaba criando uma assimetria e hipertrofia da acusação em relação à defesa, realçada por Silva Pereira (2019, p. 32 ss) que denuncia o poder cripto-autoritário investido pelo ministério público quando dirige a investigação criminal, a reforçar e renovar um modelo inquisitivo indesejado, que promove desequilíbrio processual e leva a um processo injusto.

4.11.2 Técnicas especiais de investigação

Para superar a dificuldade criminalística, no novo paradigma da criminalidade organizada e complexa, surgem técnicas especiais de investigação ou meios ocultos de investigação (como os descritos acima), com capacidade potencializada de acesso às esferas de liberdades dos cidadãos e, portanto, de natureza invasiva à personalidade do investigado e de terceiro, ao ponto de poder macular o Estado democrático de direito.

Embora possua potencial de ofensividade ao regime de liberdade da pessoa humana, o legislador optou por política criminal que contempla meios excepcionais de investigação para a gestão do crime organizado, para possibilitar o acesso aos elementos complexos encobertos dos agentes criminosos e, por conseguinte, punir os criminosos associados pelos delitos cometidos.

Os meios ocultos ou encobertos se diferenciam das técnicas especiais de investigação devido à sua natureza dissimulada no ambiente criminógeno, visando captar informações. Por sua vez, as técnicas especiais de investigação podem ser descobertas, ou seja, necessariamente não possui natureza oculta, mas também, se caracterizam pelo elemento surpresa, que é uma nota importante da investigação criminal, que assume a natureza de um princípio dela. Outra nota das técnicas especiais de investigação é o recurso a meios tecnológicos ou técnicos diferenciados e pouco usual. No entanto, os termos meios ocultos e técnicas especiais de investigação acabam se confundindo no uso policial corrente.

As técnicas ocultas de investigação buscam permitir que o investigador se interponha no ambiente da ocorrência dos atos criminosos complexos ou nos meios de comunicação e de registro de suas ações, cuja interposição é realizada por pessoas ou instrumentos tecnológicos, como discorrido anteriormente, visando a obter informações que leve ao conhecimento das condutas dos agentes organizados e suas circunstâncias. Elas permitem ao investigador ver e ouvir sem ser notado, assistir sem estar no cenário.

A Lei nº 12.850/2013 veio preencher lacuna e sistematizar algumas técnicas especiais de investigação no Brasil, ainda que de forma incompleta e sem adotar um regime jurídico mais denso.

No desenvolvimento das técnicas especiais de investigação, o legislador, o aplicador do Direito e a autoridade policial, não podem se afastar dos princípios da proporcionalidade[12], legalidade, subsidiariedade e respeito ao núcleo essencial da personalidade humana, assim como aos requisitos de limitação a um catálogo de crimes, concentração, suspeita fundada, reserva de jurisdição e controle[13].

A Convenção de Palermo recomenda a adoção de técnicas especiais de investigação no enfrentamento da criminalidade organizada, no art. 20, apontando a entrega vigiada, a vigilância eletrônica e outras formas de vigilância e a infiltração. Ainda, encontramos na referida convenção outras medidas para a investigação da delinquência organizada, tal como a cooperação internacional, a apreensão e o confisco de bens ou produtos, o controle da movimentação financeira, a responsabilização de pessoas jurídicas, a proteção de testemunha, assistência e proteção de vítimas e a cooperação judiciária.

A Lei nº 12.850/2013 elenca no art. 3º meios de obtenção de provas, que em verdade são técnicas de investigação para conhecimento e repressão de organização criminosa. São as seguintes:

1. Colaboração premiada.

2. Captação ambiental de sinais eletromagnéticos, ópticos e acústicos.

---

12 O artigo 282 do CPP, com nova redação, contém disposições que contemplam alguns destes princípios.

13 Como defendemos em *Investigação Criminal Especial: seu regime no marco do estado democrático de direito*. Porto Alegre: Núria Fabris, 2013.

3. Ação controlada.
4. Acesso a registros de ligações telefônicas e telemáticas, a dados cadastrais constantes de bancos de dados públicos ou privados e a informações eleitorais ou comerciais.
5. Interceptação de comunicações telefônicas e telemáticas.
6. Afastamento dos sigilos financeiro, bancário e fiscal.
7. Infiltração, por policiais, em atividade de investigação.
8. Cooperação entre instituições e órgãos federais, distritais, estaduais e municipais na busca de provas e informações de interesse da investigação ou da instrução criminal.

Além das técnicas descritas acima, outras técnicas especiais podem auxiliar na investigação e na coleta de provas sobre organização criminosa, como:

- Inspeções de coisas.
- Retenção de correspondência de preso (STF. HC 70.814-5/SP).
- Sequestro de bens.
- Obtenção de informações e documentos em órgãos públicos: Detran, cartório de imóveis e notas, junta comercial, Registro Nacional de Veículos Automotores, Agência Nacional de Aviação Civil, capitania dos portos, Cadastro Nacional de Informações Sociais, Conselho de Controle de Atividades Financeiras, secretarias da fazenda etc.
- Consulta a sites e bancos de dados: TCU, CGU, Siconvi, Portal da Transparência, TSE, Caixa Econômica Federal, IBGE, Siape, Sinivem, Infoseg, Secretaria do Tesouro Nacional, Infoseg, CPF, CNPJ, Bacen, CAGED/RAIS.
- Busca e apreensão de documentos, objetos, equipamentos de informática etc.

- Realização de entrevistas e coleta de depoimentos.
- Emprego de psicologia investigativa com a apuração de perfil psicológico e geográfico de suspeito.
- Definição de perfil criminológico de suspeito.
- Análise de documentos e indícios coletados.
- Análise financeira.
- Checagem de sinais exteriores de riqueza.
- Realização de perícias em documentos e objetos.
- Emprego de programas computacionais de análise de vínculos entre pessoas e informações sobre os eventos investigados.
- Emprego de *Big Data* para coleta, armazenamento e mineração de dados.
- Uso de buscadores de informações como o *Google*, *Bing*, *UserSearch*, *Wordcam* etc. (Nogueira Jorge, 2018, p. 49 ss).
- Busca de informações em bancos de dados privados, como Assecc do Brasil, Catta, *User Sherlock* etc. (Nogueira Jorge, 2018, p. 61 ss)
- Análises químicas e toxicológicas.
- Método espectrográfico de reconhecimento vocal por *voice-print*.
- A estilometria ou análise semântica.
- Captação e análise de emanação de calor de ambientes por termografia de radiação infravermelha.

O emprego de técnicas investigativas ocultas e especiais deve ser sindicalizável posteriormente, quando as provas serão apreciadas em juízo, para avaliar se seguiu pressupostos aplicáveis e se foram observadas as normas processuais correlatas, com plena aplicação do contraditório e da ampla defesa. Ou seja, as provas devem ser submetidas a um constrangimento probatório.

Cada modalidade criminosa requer técnicas diferentes, mais aptas para atingir os objetivos pretendidos, por exemplo, a vigilância pode ser útil na investigação de uma organização criminosa de roubo de carga, mas pode ser imprestável para apurar golpes aplicados pela internet. Por outro lado, questões sobre legitimidade e licitude das provas devem acompanhar todo o processo investigativo.

5

TIPOS DE INVESTIGAÇÃO CRIMINAL

A investigação criminal pode assumir várias facetas nos mais variados contextos da vida social, seja na academia, na sociedade, na empresa, na doutrina, na cultura, na arte, principalmente nas instituições oficiais incumbidas de realizá-la. Contudo, em todos os contextos estará presente o núcleo duro da atividade: *a descoberta* e o *conhecimento de crime para sua repressão.*

Vamos analisar neste capítulo alguns tipos de investigação, ou seja, algumas formas/modelos de pesquisas que possuem um conjunto de características interligadas que se repetem nas diversas facetas, as quais acabam se inserindo no conceito de investigação criminal. Os tipos analisados exploram o tempo, o modo, a matéria e os sujeitos da investigação, socorrendo-se dos construtos teóricos da teoria do conhecimento, já que reconhecemos que ela oferece pautas teóricas essenciais para o estudo da investigação criminal.

5.1. Tipos de investigação quanto ao tempo

O estudo do tempo na investigação criminal pode adotar diversas abordagens, com destaque para o princípio do *imediatismo* no início das diligências investigativas para propiciar maior êxito nas investigações, sob pena dos vestígios e indícios se perderem pela ação do tempo e da natureza, ou, no princípio da *oportunidade* no qual a celeridade nas investigações convive com a conveniência da medida conforme a melhor tática para o caso concreto.

Neste tópico vamos focar apenas o tempo da investigação em relação aos fatos criminais investigados, que pode se referir a fato do passado, fato do presente e fato futuro, surgindo o modelo de investigação de fato histórico do passado ou retroditiva, investigação proativa ou prospectiva e a investigação preditiva.

5.1.1. Investigação criminal retroditiva

Nesta modalidade a investigação segue procedimento reconstrutivo do fato histórico situado no passado, seguindo a cadeia de indícios e vestígios do presente até chegar ao evento acontecido no tempo passado. Pelas informações da vítima no presente, pelos vestígios remanescentes da ação causal que perduram até o presente, o criminalista reconstrói a dinâmica de crime do passado, suas circunstâncias objetivas e subjetivas, culminando na formulação de uma hipótese criminal e na imputação ou não de crime a alguém.

Na retrodição temos um movimento para trás do raciocínio e das ações do criminalista, ele desenvolve seu esforço investigativo retrospectivamente, ou seja, há uma pós-cognição de fatos orientada pelo princípio da causalidade, com a análise do efeito ou resultado produzido pela ação criminosa o criminalista busca as causas do fenômeno investigado.

A investigação retroditiva é um movimento ao tempo passado, um movimento para trás, ao contrário da predição que é um movimento para o tempo futuro. Difere da retrodução adotada por Peirce, também conhecida como abdução, cujo sentido originário é conduzir para longe (*ab* significa "longe de" e *ducere,* "conduzir"). Portanto, usamos retrodição para investigação do tempo histórico passado, e retrodução para se referir ao raciocínio lógico elaborado por Peirce, sinônimo de abdução.

Exemplo de método retrodutivo é a recognição visuográfica de local de crime, descrita por Desgualdo na década de 90 (1996, p.242-252) que se baseia na observação e no levantamento de vestígios e informações em local de crime.

A investigação retroditiva pode servir-se do raciocínio abdutivo para a reconstrução do evento criminoso, a depender do contexto investigativo, quando poderão ser desenvolvidas hipóteses explicativas para o fato investigado. Também, se o contexto da investigação exigir poderá empregar raciocínio hipotético-dedutivo, quando de plano já se é possível construir uma teoria explicativa para o caso e parte-se, então, para seu teste através de observações e coleta de informações sobre ela.

O contexto da investigação varia de caso para caso, cuja definição pode depender de variáveis temporal, causal, modal e subjetiva, a recomendar diferentes raciocínios lógicos, técnicas, táticas etc[14]. Por exemplo, a intervenção investigativa pode ser demandada em fase que já existem elementos sobre a materialidade, mas não dispõe de autoria, ou vice-versa, cujos elementos podem chegar com níveis distintos de definição ou esclarecimento, que podem variar da indefinição total, definição frágil, definição média, definição robusta e definição total.

Ao analisar o contexto investigativo denota-se que há dois contextos, o fático e o investigativo, no qual este depende da variação daquele, já que não há um contexto criminal estático e estável para todas as

[14] As diferentes variáveis investigativas foram tangenciadas no tópico 4.8, quando tratamos da discricionariedade na investigação.

tipologias criminais. O contexto fático poderá demandar meios cognitivos compatíveis para seu conhecimento, com metodologia ou regra técnica específicas, sobre as quais, também, estão sujeitas às regras jurídicas e máximas de experiência específicas, a uma estrutura de referência própria, ou seja, a investigação dependerá do contexto fático criminal.

Este modelo retrodutivo é bastante identificado com o modelo retributivo do direito penal clássico e da investigação criminal clássica, que cuidam de crimes consumados ou tentados, que predominaram até o final do Século XX, destacando-se as seguintes características:

Pode seguir um pensamento cartesiano simplificador e reducionista.

- A comunicação do crime à autoridade policial geralmente é proveniente da vítima, testemunha e pelo patrulhamento de rua.
- Os crimes são visíveis, passíveis de serem captados sensorialmente.
- O nexo de causalidade entre ação e resultado é simples, concomitante, simultâneo ou sucessivo.
- O agente criminoso é individual ou com poucos autores em concurso de pessoas.
- As tipologias criminais mais comuns se referem aos crimes patrimoniais e crimes contra a pessoa.

É certo que a criminalidade organizada e complexa não é uma nota apenas dos tempos atuais, mas sua emergência e o seu enfrentamento tomaram folego no final do século passado. As características acima oferecem um referencial pedagógico para nossas análises.

Portanto, na investigação retroditiva o criminalista retrocede no tempo passado para realizar sua investigação. Este é o modelo clássico de investigação, mas que não encerra todas as investigações como veremos a seguir.

5.1.2. Investigação criminal proativa

Neste modelo de investigação criminal, também conhecida como prospectiva, há uma antecipação da intervenção policial na dimensão temporal, ou seja, para o tempo presente, mas que acaba refletindo na dimensão material e metodológica. Então, o criminalista centra seus esforços visando conhecer fato do presente, contudo, este fato do presente constitui encadeamento de ações de crime no futuro, consequentemente, àquele fato do presente pode se tornar passado também dentro da cronologia da dinâmica investigativa.

Ao antecipar a investigação para o momento presente, de forma ativa, para fatos que estão acontecendo no presente, há uma mudança para o paradigma preventivo da investigação criminal em vez daquele modelo reativo e passivo, objetivando impedir a consumação do evento criminoso, ou, a responsabilização do agente que produziu a conduta.

Nele, a **matéria** ou substância da conduta investigada são aquelas condutas prévias de provocação do dano ao bem jurídico tutelado, a fase inicial do *iter criminis*, a fase de cogitação e preparação das condutas criminosas, ou seja, os elementos embrionários de crime que está acontecendo no presente ou acontecerá em futuro próximo.

Nesta vertente da investigação criminal há um acompanhamento da tendência expansiva do direito penal, que passa a criminalizar novas condutas na fase preparatória do crime, como vemos nos crimes de perigo abstrato e nos crimes de mera conduta.

No tocante à **metodologia** surge uma mudança para um paradigma ativo e proativo em vez de reativo, em que o criminalista sai em busca de indícios que lastreiam uma hipótese criminal ou adota uma postura prospectiva de informações, em vez de apenas reconstruir historicamente os vestígios deixados pela ação criminosa, para isso são usados tecnologias e meios ocultos (ou encobertos) de investigação para alcançar informações de crimes que estão acontecendo ou que acontecerá no futuro próximo. Portanto, não se espera a consumação do evento para depois intervir. A estratégia investigativa é ativa e proativa, abandona a passividade no impulso investigativo e age ativamente na busca de condutas criminosas em determinados contextos criminológicos.

Neste modelo já se maneja raciocínio dedutivo, o criminalista não depara com fato surpreendente que merece explicação, como se vê na abdução, mas ele busca indícios para fatos que reconhecidamente acontecem com frequência ou para regras ou hipóteses já conhecidas, mas que necessitam de técnicas ocultas de investigação para conhecer e se apoderar das informações e das provas, que permitirão a confirmação da hipótese.

Denota-se que a metodologia é baseada na busca proativa de informações sobre crimes que estão acontecendo ou que acontecerão no futuro próximo. Esta busca ativa de informações pode-se traduzir na seleção de variáveis críticas ou salientes de uma situação problemática do contexto social, que subsidiarão a elaboração de perfis de condutas criminosas ou de agentes criminosos, sobre os quais são desenvolvidas diligências visando encontrar elementos probatórios que confirmem ou não a ocorrência de crime no presente ou no futuro, possibilitando assim a intervenção antecipada visando à consumação do crime e suas consequências danosas, ou ainda, visando instruir e responsabilizar o agente criminoso.

A busca ativa pode ocorrer também pela identificação ou descoberta de padrões relevantes, descobertos por técnica de *machine learning* oferecida pela tecnologia da informação, em que *softwares* são treinados para compreender grandes conjuntos de dados brutos, de fichas criminais a gravações em vídeo, identificando padrões relevantes de interesse da investigação criminal. É a detecção de fenômenos criminais em andamento, ou seja, o desvelamento, a retirada daquilo que cobre um crime.

Detecção se origina do verbo latino *detegere*, composto pelo prefixo *de* que expressa um movimento de cima para baixo, e do verbo *tectum* que corresponde a telhado ou teto que, por sua vez, é derivado do verbo *tegere* que significa cobrir, encobrir, proteger, ocultar, disfarçar e dissimular. Por conseguinte, detectar é descobrir aquilo que está oculto, aquilo que está debaixo do teto.

Portanto, observa-se que uma coisa pode estar encoberta porque alguém a ocultou, mediante ação volitiva humana, mas a coisa pode estar encoberta por ação do tempo e da natureza e requer apenas seu encontro pela ação investigativa. Inobstante, detectar semanticamente se aproxima de investigar, descobrir e desvelar, embora não sejam sinônimos, e isso pode interessar quando se examina a organização das polícias com suas missões preventivas e repressivas. Do verbo detectar deriva o vocábulo detetive, cuja missão profissional - no caso do detetive privado brasileiro - pode ter significado restritivo que leva em conta apenas descobrir o que estava encoberto, ou seja, detectar ou averiguar algo já existente[15], portanto de natureza repressiva, diferente do significado do vocábulo *agente* que possui maior abrangência de ação, embora não detenha autonomia já que depende de autorização e supervisão externa de uma autoridade, como assim também assinalam os semânticos que conferem ao verbete o seguinte significado, dentre outros: pessoa ou instituição que trata de negócios de outrem (Aulete).

Agente vem do latim *agere* e significa agir, o que realiza uma ação, que coloca em movimento, fazer, fazer andar para frente, obrar, operar, atuar, representar (Michaelis, 2019. Cunha, 1982). No âmbito da investigação criminal o vocábulo agente com sua origem etimológica de *agere* difere dos termos *conduzir* e *presidir* que compõem os atributos funcionais da *autoridade. Ducere* está na raiz de conduzir, deriva-se do latim *conducere* composto pelo prefixo *com* (com, junto) e *ducere* que significa guiar, liderar, levar, chefiar, guiar algo ou alguém. Esta acepção

[15] Nesse sentido Sentis Melendo ao explicitar que "quem averigua é um detetive, o detector, detectador, porque detecta ou percebe (o se quiser, averigua) o que ocorreu" (1959, p. 58).

é amplamente utilizada no direito em geral, principalmente no direito administrativo, inclusive, para orientar o significado e a delimitação dos agentes e autoridades policiais, como anotamos em outro trabalho (2013, p. 65-66). Isso, é coerente com a necessidade de equilíbrio na distribuição de poder entre os entes públicos, já que a investigação criminal possui alto potencial invasivo na personalidade do cidadão investigado, na sua intimidade e vida privada, a requerer um regime jurídico bem estruturado para evitar abusos e danos à pessoa, com níveis de responsabilidades e ações distintas. O indivíduo investido nessa missão pode promover desde uma simples ação coativa pessoal física e psíquica (busca pessoal, intimação, arrecadação de objetos etc.), mas também, hipoteticamente, em situação extrema pode realizar uma ação de prisão e em último nível de gravidade poderá atirar com arma de fogo em alguém para defender terceiros[16]. Disso se conclui que o ato investigativo é um ato complexo, que requer uma arquitetura jurídica e funcional de controles e balizas, cabendo à autoridade conduzir e ao agente executar ou realizar a ação sob autoridade de outrem. Tal arquitetura é encontrada no âmbito da administração pública, na organização do Poder Judiciário e, em certa medida, na atividade legislativa, que contam com servidores públicos que dirigem, conduzem, comandam e auxiliares para realizar ações operativas que dão consecução ao ato administrativo.

Ainda, com o emprego de tecnologia da informação e os recursos da *internet* das coisas, na investigação proativa podem ser *descobertas coincidências* que permitam a identificação de padrões e possibilitar a detecção de desvios como situações suspeitas ou mudanças drásticas nas ocorrências de determinadas áreas, gerando alertas automaticamente.

---

[16] Acerca das coações processuais penais na investigação, veja-se nossos levantamentos em *Investigação criminal especial*, p. 118. Veja também descrição de rol atos ou diligências investigativas que a autoridade pode desencadear na investigação, em *Polícia judiciária no estado democrático de direito*, 2017, p. 95-96.

O criminalista com treinamento analítico e o apoio de recursos tecnológicos consegue extrair e analisar informações de bancos de dados, de cenários criminológicos, possibilitando fornecer subsídios para a investigação e sua gestão, através da construção ou seleção de hipóteses, do acompanhamento de criminalidade específica e geral, da migração de criminosos e criminalidades, diagnósticos, tendências etc.

Exemplifica este modelo proativo de investigação o controle realizado em aeroportos pela Polícia Federal, com análise de riscos com base em Informações Antecipadas de Passageiros (API) e Registro de Identificação de Passageiros (PNR), que possibilitam a identificação de pessoas procuradas, de contrabandistas e descaminhadores, terroristas, *hooligans* etc. Na investigação de crimes cibernéticos, previdenciários, fraude bancária e moeda falsa também já se maneja metodologia proativa e prospectiva. No âmbito da Polícia Civil de São Paulo é utilizado o Sistema de Informações Criminais (Infocrim) e o Detecta, que utiliza informações de *big data* e ferramenta de *business intelligence.*

Os sistemas informatizados possibilitam a descoberta de crimes através da previsão, clusterização, conexões e busca de compreensão do pensamento alheio (Siqueira, 2014. Machado, 2019).

As informações disponíveis ou conseguidas pelo criminalista, geralmente integrante de um *big data*, possibilitam a análise criminal dos dados, quando são tratados em busca de vínculos entre entidades, pessoas, locais ou eventos, gerando a associação de elementos e marcação de relações entre entidades. A metodologia proativa oferece elevado potencial para conhecer e enfrentar a criminalidade, nas seguintes vertentes (Fernandes, 2014, p. 189-190):

- Desenvolvimento de previsão criminal relativa às ocorrências criminais, grupos suspeitos, criminosos e vítimas.
- Para a análise de situação baseada nas atividades criminosas e os potenciais criminosos.
- Na identificação de fatores que estão na gênese dos crimes, propiciando a geração de políticas sociais para sua gestão.

A proatividade investigativa tem potencial para auxiliar a investigação criminal, mas, também, ela está submetida a críticas que variam conforme o contexto de sua utilização. Vejamos algumas:

- Afasta-se do princípio da *ultima ratio* do direito penal e do princípio de inocência.
- Dificuldade de imputação penal dos fatos futuros, já que pode manejar elementos embrionários da ação criminosa ainda não alcançados pela tipificação criminal.
- Inaplicabilidade de preceitos do direito penal clássico garantista, que protegem o regime de liberdade e a intimidade do indivíduo.
- Poderá atingir pessoa (terceiros) não vinculada a ação criminosa, quando seu perfil erroneamente é atingido pela investigação.
- Poderá atingir situações limites discriminatórias, relacionadas a teorias biológicas, psicológicas e sociológicas precoces e deterministas, como minorias, grupos étnicos etc.
- Baseia-se na noção de periculosidade e amplia o desejo de investigar por agências não judiciais, sem os controles e todo o arcabouço do processo penal que protege a liberdade, intimidade e vida privada etc.
- Requer elevado comprometimento ético da polícia ao empregar meios ocultos e manejar informações da vida privada das pessoas.
- Pode conduzir a desvios e direcionamento de investigações para fins não previstos no ordenamento jurídico constitucional e penal, como para inimigo político, para grupo ideológico etc.

Certamente, diante de uma ação proativa o criminalista deve redobrar sua atenção, seja com a efetiva observância de aspectos metodológicos referentes à adequada formação da crença sobre o fato investigado, ou, seja nos aspectos deontológico, ético e de controle interno da investigação. Estas advertências devem estar presentes no planejamento e execução das medidas proativas, bem como, na doutrina e no planejamento estratégico da organização investigativa. Ademais, a autoridade investigativa deve acompanhar as atualizações oriundas dos tribunais superiores sobre a matéria e, a depender do porte da organização investigativa, promover estudos constantes para difusão entre os interessados.

Com o explanado até aqui, poderia surgir a seguinte indagação: a investigação proativa não corresponde à análise criminal? Cremos que sim, devido à semelhança de alguns elementos, mas é necessário aprofundarmos um pouco. A análise criminal é uma técnica a serviço do *conhecimento de crime para sua repressão*, no entanto, ao analisar a investigação criminal com maior profundidade no aspecto cultural, histórico, metodológico e científico, se verá que a análise criminal consiste numa **técnica** à disposição da investigação criminal e consequentemente subsidia o conhecimento de crime, da mesma maneira que a perícia criminal, as técnicas especiais, as técnicas de interrogatório e entrevista, podendo ser lembrado também os recursos oriundos da psicologia, da medicina legal, das tecnologias etc. Com a mesma distinção deve ser examinada a denominada inteligência policial[17], quando se estuda a investigação criminal como uma disciplina compreensiva ampla composta por diversos saberes auxiliares.

Na investigação criminal, o ato de analisar é inerente ao seu procedimento, da mesma forma que nas ciências em geral. A análise é uma fase da investigação, chegando Abbagnano (2003, p. 53) a explicitar que "na filosofia e em geral, na cultura moderna e contemporânea, a tendência analítica, isto é, a tendência a reconhecer a análise como método de investigação, disseminou-se e mostrou ser muito fértil".

Por qualquer vertente da análise criminal apresentada pela doutrina: tática, estratégica, de operações, administrativa, investigativa e de

[17] Discorremos sobre a denominada inteligência no tópico 2.14.

inteligência (Rigueira, 2013, p. 72. Magalhães, 2007, p. 1), se observa que no tocante à *função* e *objeto* a análise criminal visa *conhecer* o *crime* do mesmo modo que a investigação criminal, mas difere no método que se desenvolve mediante exploração de informações de fatos criminais acumulados, ao invés de explorar os vestígios e indícios, ou, as informações subjetivas obtidas de pessoa (vítima, agente criminoso ou testemunha) etc., constituintes da tarefa da investigação criminal. Ainda, no tocante à função a análise criminal visa fornecer subsídios para ações policiais repressivas e preventivas, além de subsidiar a gestão da criminalidade, mas quando é desencadeada no âmbito da investigação criminal, outra coisa não é senão a própria investigação criminal.

Embora a análise criminal possa parecer que transcenda a investigação criminal, por exemplo, apoiando a atividade administrativa e preventiva, no âmbito específico da investigação ela possui a mesma função, pois seria irracional e pouco técnico acumular informações sobre a criminalidade na investigação criminal e não fazer uso dela para a própria investigação. A análise criminal como atividade de produção de conhecimento para orientar a tomada de decisão, assume clara natureza administrativa inserta no âmbito da disciplina da administração.

Sem se esquecer que a investigação é mais abrangente que a análise criminal por englobar diversas fontes de informação para produzir um conhecimento criminal, uma hipótese (um enunciado, ou conclusão fático-criminal) sobre o crime individualizado ou o crime em conjunto, que pode subsidiar diversos operadores da investigação e órgãos decisores: o investigador, o gestor de investigação, o setor policial, a organização policial, formuladores de política pública, acadêmicos, a comunicação social etc.

No âmbito da investigação criminal, a análise criminal pode ser considerada uma espécie do gênero investigação criminal, ela constitui um elemento acidental que pode ser explorada em algumas investigações, mas pode ser imprestável para muitas investigações. Disso decorre que, no âmbito da investigação criminal, ela deve ser considerada uma técnica de apoio que se recorre em alguns contextos criminais, mas deve ser cultivada de forma vigorosa na atividade administrativa de gestão da criminalidade, recordando-se que é uma atividade inerente ao exercício da atividade policial investigativa e repressiva, que sempre foi praticada[18], mas agora conta com ferramentas tecnológicas que otimizam os trabalhos e alcançam melhores resultados.

Importante recordar que, na investigação criminal, a boa técnica impõe que o investigador olhe para o recorte temporal anterior e posterior ao momento do crime, ou seja, que proceda a uma análise dos comportamentos precedente e subsequente à conduta criminosa. É imprescindível conhecer a gênese dos fatos que culminou na ocorrência criminal. Esta não está isolada no mundo, ela é dinâmica e deve ser analisada sistemicamente na sua fenomenologia.

Fabricar êmulos de investigação criminal no bojo da própria disciplina chega a ser teratológico, é um equívoco, é desconhecer a própria investigação criminal. Embora a investigação criminal seja única ela pode apresentar dimensões diferentes sem mudar sua natureza, portanto, ela precisa ser estudada mais profundamente no seu objeto, função e método, ou seja, mais divulgada cientificamente apesar de tão decantada na arte, na cultura e no senso comum. Não alinhamos a posições nominalistas que desconhecem o *ser*, a essência das coisas, quase sempre objetivando atender interesses não alcançados pelas vias normais, geralmente apresentadas com apanágio de modernidade e evolução.

Em suma, na dimensão temporal, a investigação proativa se refere à investigação no presente, para fatos que estão acontecendo ou que

---

[18] Desde os primórdios do surgimento da investigação na idade moderna, já se usava fichários criminais, conforme discorremos no estudo histórico da investigação criminal, com destaque para John Fielding na Inglaterra e Vidocq e Fouché na França. Sobre o tema veja-se Wherner, p. 85 e 97.

acontecerão no futuro, mas também para fatos do passado que se possam colher informações de diversas fontes policiais, inclusive, da prospecção de informações de um banco de dados com elevada gama de informações, mas que ainda não foi processada ou estruturada.

5.1.3 Investigação criminal preditiva

Vimos que a investigação pode ser retroditiva, quando o esforço investigativo se volta para os vestígios do passado que perduram no tempo presente. Também discorremos sobre a investigação proativa ou prospectiva, onde o criminalista antecipa sua intervenção investigativa para fatos do momento presente, visando impedir a ocorrência criminal do futuro ou responsabilizar o agente criminoso, mas nesta categoria investigativa (proativa) o criminalista pode desenvolver ações investigativas visando o tempo futuro, ou seja, também objetivando prevenir ou reprimir o crime, portanto, assume natureza preditiva.

Na investigação criminal, assim como nas ciências sociais em geral, não é possível trabalhar objetivamente com regularidades, mas é plenamente possível manejar probabilidades nas ações humanas.

Pelo raciocínio indutivo, baseado em conhecimentos antigos podemos construir conhecimentos novos, em que através de coisas que já conhecemos são fornecidas razões a favor de outras crenças no futuro, como vemos em Jonathan Dancy (2002, p. 244). Apesar das polêmicas filosóficas sobre o tema, David Hume chegou à conclusão que os padrões regulares observados criam em nós um hábito de expectativa.

Atualmente as polícias já empregam as metodologias preditivas para prevenir e reprimir crimes, servindo-se de "constructos teóricos oportunísticos, ocasionais e ambientais, quando se conhece todo mecanismo de funcionamento e da dinâmica social que permeia certos delitos", como defendemos em outra oportunidade (2013, p. 82), que acaba levando a uma revisão do conceito clássico sobre as funções policiais, em preventiva e repressiva.

Baseado neste modelo explicativo do crime surgiram técnicas investigativas e de prevenção do crime que permitem identificar "pontos quentes" de ocorrências criminais, onde há probabilidade de consumação delitiva e, portanto, possibilitam a investigação criminal e a responsabilização dos autores, assim como permite a intervenção neste ambiente visando eliminar as condições ambientais favoráveis ao crime.

A investigação preditiva, com os construtos proativos descritos anteriormente, pode possibilitar em última análise a previsão de um crime no futuro próximo, mediante análise contextual de determinado evento que pode apontar para uma ocorrência criminal concreta. Por exemplo: diante de um conjunto de informações sobre ocorrências de roubo/furto de idosos aposentados na saída de agências bancárias, é possível realizar cruzamento e análise de informações e delimitar dia, horário e perfil de indivíduo que reiterará o ato criminoso no mês seguinte. Do mesmo modo é possível prever possíveis assaltos em locais críticos nas imediações dos centros comerciais. Também, na investigação de um homicídio isolado é possível acumular informações que apontam para grupos criminosos ou *gangs*, identificando seu *modus operandi* e indivíduos suspeitos, os quais podem indicar a possibilidade de outro homicídio no futuro, com delimitação inclusive de dia, local e horário. Isto fica mais verossímil se a investigação for aprofundada com manejo de técnicas especiais para acessar informações ocultas.

Em síntese, com o uso da metodologia proativa a investigação criminal pode desenvolver hipóteses criminais preditivas e, desta forma, promover a repressão criminal ou a prevenção especializada que maneja construtos investigativos. Da mesma forma que a investigação proativa a investigação preditiva também recebe críticas da doutrina, como as apresentadas no tópico 5.1.2.

5.2 Investigação ou repressão antecipada: conceito operativo da atividade policial

Ao examinar a investigação proativa (tópico 5.1.2) observamos que nela há uma ampliação material e temporal no conhecimento de fenômenos criminais, em virtude dos novos fenômenos emergentes da convivência social que apontam para conduta criminal difusa e mutável nas dimensões temporal, espacial, no modo, no meio e no tocante aos sujeitos, que acabam repercutindo no método investigativo ao ponto que emergir novos tipos de investigação.

Vimos que a investigação criminal também pode ser preditiva e proativa, ou seja, ela não está restrita a fatos do passado, mas pode investigar fatos do presente e do futuro, e com isso, não aderimos à ultrapassada e castradora definição de investigação criminal voltada apenas para fatos do passado[19]. Defendemos uma atualização do conceito de investigação criminal, diante das novas fenomenologias criminais.

Segundo a doutrina corrente, de origem francesa, a atividade policial é dividida em prevenção e repressão. A *prevenção* é exercida pela polícia administrativa ou de segurança e visa evitar perigo à coletividade, a exemplo da polícia militar, ou seja, prevenir a ocorrência de crimes. Para tal, ela se serve do direito administrativo para orientar suas ações. Esta tarefa policial é executada pelo poder executivo.

A *repressão* é exercida pela investigação policial e está focada em fato do passado, segundo parte da doutrina tradicional, e visa a apurar a lesão concreta a um bem jurídico e a punição do culpado pelo Judiciário, como, por exemplo, a proteção do patrimônio no crime de furto. Ela segue as normas de direito processual penal e de direito penal no seu procedimento e finalisticamente atua em favor da Justiça e do Judiciário.

---

[19] Defendemos neste sentido em *Investigação criminal especial: seu regime no estado democrático de direito*, 2013.

Atualmente, esta divisão antiga não proporciona resposta estatal adequada para a criminalidade organizada e complexa, quando surge o interesse em evitar, prevenir ou neutralizar a sua ocorrência, devido à grande magnitude dos danos sociais que provoca.

Então, emerge a necessidade de antecipar a intervenção investigativa do estado para prevenir e reprimir crimes danosos à sociedade, como os crimes coletivos ou transindividuais que provocam danos a milhares ou milhões de pessoas, como os fenômenos resultantes do desenvolvimento tecnológico, industrial e econômico, nas áreas nuclear, informática e genética, na fabricação e comercialização de produtos perigosos para a vida e a saúde, na criminalidade econômica e ambiental.

Podemos citar também os crimes cibernéticos, a criminalidade translocal, transnacional, transregional e transfronteiriça, o tráfico internacional de drogas, os comandos criminosos, terrorismo, tráfico de seres humanos, ocultação e lavagem de ativos, quadrilhas de assaltantes a bancos e de cargas, alta corrupção em órgãos estatais, os denominados crimes dos poderosos etc.

Com esta nova fenomenologia criminal, há uma fusão ou tropismo temporal da prevenção e da repressão, com repercussão nos modelos tradicionais da atividade policial, surgindo o *conceito operativo*, ou, a *investigação de campo avançado*, de matiz proativo e prospectivo, que se baseia na coleta de informações e no emprego de métodos ocultos ou encobertos de investigação de maneira proativa, visando a identificar estruturas criminais, através de conceito criminológico-estratégico que pretende eliminar a criminalidade, em vez da lógica reativo-repressiva.

A doutrina policial alemã (Andrade, 2009, p. 131. Albrecht, 2010, p. 266 ss) inspirada na *práxis* desenvolveu duas tarefas policiais novas, as *cautelas de prevenção criminal* ou *combate preventivo ao crime*, e *as providências para a perseguição futura de crimes*, ao lado das tarefas clássicas de prevenção e repressão.

Nas *cautelas de prevenção criminal* ou *combate preventivo ao crime*, encontramos um adiantamento temporal da intervenção policial preventiva, visando prevenir e afastar perigos antes que atinjam o limiar do perigo concreto.

Já nas *cautelas de persecução criminal* ou *providências para a perseguição futura de crimes*, há uma antecipação da repressão quando a polícia investigativa reúne provas para preparação de posterior perseguição, portanto, não foca apenas na manutenção da ordem e da segurança. Tais crimes ainda não foram cometidos, mas num futuro incerto é possível ou provável que ocorra.

Portanto, observa-se uma zona cinzenta ou fronteiriça, uma lacuna, entre a prevenção e a repressão, cujos conceitos tradicionais estão ultrapassados e devem ser revisados para o enfrentamento da criminalidade organizada e complexa.

Esta lacuna é aparente, pois entendemos que as providências cautelares para investigação de crimes devam ocorrer no âmbito da investigação criminal regida pelas leis processuais penais, resgatando o conceito originário de investigação criminal, formulado por Hans Gross no século XIX, como o estudo dos métodos práticos de investigação para apuração da verdade, a ciência dos métodos técnicos e psicológicos de investigação admitidos pelo processo penal, e da sua utilização sistemática para esclarecimentos dos fatos (Zbinden, 1957, p. 15).

As diligências investigativas que atingem as esferas da personalidade do indivíduo, seu regime de liberdade e intangibilidade da intimidade e da vida privada, não podem ocorrer fora do processo penal. É o processo penal que está aparelhado e conformado para atribuir uma punição (ou não), mas protegendo os direitos e garantias constitucionais dos cidadãos investigados.

Por sua vez, o combate preventivo pode ser realizado pela polícia administrativa, manejando informações angariadas na sua atividade e àquelas abertas e públicas, as quais podem orientar o policiamento e a prevenção de perigo de crime.

Conclui-se que o conceito operativo maneja uma repressão antecipada, que trabalha com a coleta de informações sobre eventos que podem ser considerados criminosos no futuro, com emprego da proatividade na prevenção e na repressão, recorrendo-se ao emprego de meios ocultos ou técnicas especiais de investigação. Porém, também, o conceito operativo recebe vigorosa crítica por poder levar a uma "policialização do processo" e entorpecimento da justiça, conforme Albrecht (2010, p. 267 e 276) e Guedes Valente Valente (2013, p. 271).

5.3 Tipos de investigação quanto aos meios e modos

No processo de descoberta criminal os meios e os modos podem se tornar elementos fundamentais para a investigação, conforme a escola clássica de investigação, inclusive é bastante ensinada nas academias de polícia. Até mesmo nos casos que haja informações sobre o autor e a materialidade, a investigação dos meios e modos da prática criminal se torna relevantes para confirmar ou não hipóteses investigativas, mas, também, servem para preencher os vazios e formar o arcabouço instrutório do evento investigado, lembrando que concomitante aos achados angariados se faz o registro e a instrução de todo o procedimento.

Segundo Cobra, *meios* são os recursos empregados na prática criminal, os instrumentos e os objetos empregados para a consecução criminosa. São as armas, objetos, instrumentos e artefatos, exemplificados por pau, armas brancas ou de fogo, veneno, fogo, pedra, água, equipamentos eletrônicos etc.

Já os *modos*, para Cobra (1965, p. 123), são as circunstâncias ou situações que permitem o emprego dos meios. O modo do crime pode ser alcançado pelos meios e indícios deixados pela infração, possibilitando a construção do contexto que envolveu a ação criminosa, assim como a formulação ou evolução de hipótese criminal.

Os meios podem ser objeto de levantamento, localização, exibição, busca, apreensão, exame, vistoria, comparação e contrastação para esclarecimento do evento investigado, fornecendo subsídios para apurar a dinâmica criminal, o *modus operandi* empregado pelo agente criminoso.

O meio e o modo da prática criminosa analisados junto com o aspecto causal do evento investigado, constitui outro método investigativo fértil que possibilita a reconstrução do crime. O processo investigativo deve contemplar a apuração da captação da relação causal entre conduta e resultado, que, geralmente segue perspectiva substancialista baseada numa conduta humana dolosa, culposa, omissiva ou comissiva, consumada ou tentada.

Inicialmente manifesta-se por um processo ideativo na mente do agente, que compreendem elementos motivacionais, intelectivos e volitivos, ligados à satisfação de interesses humanos: a avareza, o egoísmo, a piedade, o ódio, o amor, a animosidade, o desejo de lucro, a vingança, o poder. Após o impulso psíquico do indivíduo, segue-se o processo corporal da ação, ainda no âmbito do domínio do indivíduo e, finalmente, vem a fase externa de projeção da ação no mundo exterior, no âmbito social e no mundo sensível fenomênico (Goméz, 2007, p. 401 e 403).

Os meios e modos podem contribuir para desenvolver classificação que considere os arranjos dos mesmos, como investigações complexas, de criminalidade organizada, de criminalidade habitual etc. Entretanto, com estas explanações podemos também classificar a investigação como subjetiva e objetiva.

5.3.1 Investigação subjetiva

É a investigação que concentra seu esforço heurístico na busca de informações sobre o sujeito que hipoteticamente cometeu o crime, o(s) autor(es) e participante(s) do evento pesquisado.

As informações são buscadas junto aos envolvidos e testemunhas, bem como junto de vestígios, explorando o meio, o modo e a motivação, que serão examinados, dissecados e confrontados, quando o criminalista terá condições de identificar os sujeitos implicados com o crime, ou, desenvolver hipóteses de possíveis autores, os quais poderão ser objetos de novas diligências visando sua confirmação ou negação.

5.3.2 Investigação objetiva

Pela investigação objetiva, o criminalista se preocupa com a descoberta e análise de vestígios materiais pelo agente criminoso, portanto, está associada ao princípio substancialista do crime, ou seja, considera a substância da ação criminosa. O criminalista sai a campo em busca de elementos materiais deixados pela ação criminosa, podendo recorrer aos princípios da transferência e da correspondência para orientar a busca e exame dos vestígios deixados pela vítima no agente criminoso e no cenário, e os vestígios deixados pelo cenário na vítima e no autor.

Na criminalidade moderna, principalmente nos crimes de perigo abstrato e naqueles crimes de ação difusa, a investigação se baseia mais em processos lógicos e identificação de ações isoladas que permitam concluir a prática de ações que compõem o tipo penal. Por exemplo: vários indivíduos ligados à prática de crime patrimonial no passado são suspeitos de se reunirem frequentemente em determinado local, o que é corroborado por captação de mensagens transmitidas entre eles e, também, é localizada uma movimentação bancária numa empresa que indica constituir empreendimento fantasma para lavagem de dinheiro, logo, é possível reunir as peças do quebra-cabeça e conjecturar hipótese de crime organização criminosa, do art. 2º da Lei de Organização Criminosa.

5.4 Tipos de investigação segundo o sistema processual

No próximo capítulo, será enfrentado o tema da função da investigação criminal, quando se abordará as diversas finalidades da mesma, dentre elas a busca da verdade e a solução de conflitos. O sistema processual - ou modelo de processo - dependerá do sentido ou da função escolhida para o sistema de justiça criminal, conforme a política criminal de um dado momento histórico, que representa os desejos e os valores sociais de uma sociedade.

Destacaram-se, ao longo da história da humanidade o sistema *inquisitivo* e o sistema *acusatório*, mas atualmente no Brasil surgiu interesse pelo estudo e estruturação do sistema dialógico, que adota o diálogo entre as partes envolvidas. Então, vamos alinhavar algumas características dos sistemas inquisitivo, acusatório, da *disputatio* e do *dialogus.*

Os paradigmas que mais influenciaram na formação de conhecimentos típicos da investigação criminal é o inquisitivo, muito influenciado pela construção teórica sobre o paradigma *indiciário* ligado à medicina e a demais ciências conjecturais – àquelas fundadas em pistas, em conhecimentos indiretos baseados em signos e fragmentos de fatos –, que floresceram no século XIX. No capítulo sobre o conceito de investigação criminal, chegamos a analisar brevemente a afinidade e a semelhança entre a investigação criminal e outras disciplinas.

O **inquisitivo** possuía as seguintes características: predomínio na fase investigatória; há obrigatoriedade da investigação e ação penal; admite-se que o imputado seja fonte de prova; processo é escrito; busca a verdade dos fatos pela investigação; possui função repressora; o juiz participa da gestão da prova e, compõem o sistema da *civil law* dos países continentais da Europa e seus derivados (Salinas, 2010. Mittermaier, 2004).

O modelo **acusatório** caracteriza-se pela separação da função acusadora, defensora e julgadora; imparcialidade do juiz; oportunidade da ação penal; contradição com combate entre as partes para demonstrar suas provas e argumentos; oralidade; publicidade; presunção de inocência; tem predomínio na fase julgadora; a verdade é resultado de uma apresentação de provas; prestigia o consenso entre as partes e; constitui modelo predominante nos países da *common law*, anglo-saxões (Salinas, 2010. Mittermaier, 2004).

Denota-se que algumas características não são admitidas atualmente por ordenamentos jurídicos democráticos, razão pela qual não há consenso na formatação dos modelos com tal abordagem, servindo-se dos modelos históricos conhecidos. Nosso sistema jurídico adota o sistema acusatório, mas admite tênue intervenção judicial na formação da prova. Nota-se a existência de fortes correntes nacionais em caminhar para um sistema acusatório mais puro, com ampliação da justiça negociada nos moldes da *common law*.

Realmente encontramos na doutrina opiniões variadas sobre os sistemas processuais, conforme anota Gilvan Naibert e Silva (2007, p. 57 ss), concluindo este autor que o acusatório se caracteriza por dois elementos fixos: o princípio acusatório (distintos órgãos para acusar e julgar) e o início do processo somente com o oferecimento da acusação. As demais características históricas são elementos variáveis do sistema: oralidade, contraditório, publicidade e igualdade de armas, inclusive algumas destas características podem estar no processo inquisitivo.

Prossegue este autor (2007, p. 64) que no acusatório segue pensamento da ideologia privatista e liberal, no qual o juiz é passivo e as partes se encarregam da marcha do processo e da produção probatória. Por sua vez o sistema inquisitório predomina o caráter público do processo e interessa a toda a sociedade, e o juiz pode suprir a omissão das partes na produção probatória, portanto, se orienta pela busca da verdade.

Concordamos com Silva Pereira (2019, p. 77), quando adverte que a adoção de modelo acusatório no lugar do modelo inquisitório deve considerar os problemas gerados na investigação criminal, já que não resolve o problema da imparcialidade do órgão julgador apresentado no inquisitório, devido a atuação do juiz de instrução na investigação. A migração para o acusatório pressupõe a bondade do órgão acusador na investigação criminal, uma vez que coloca os interesses da defesa sob os cuidados do órgão acusador, havendo então desequilíbrio processual e uma concentração de poder punitivo no ministério público. O autor sintetiza o problema da seguinte forma: "a transferência da investigação ao órgão de acusação leva consigo os mesmos problemas da instrução preparatória pelo juiz". Isso, é agravado pela tendência à "visão de túnel" na praxe do ministério público, mediante o surgimento de preconceitos e deformações inconscientes durante a construção de hipóteses (Serrano, 2014, p. 280).

A ***disputatio*** baseia-se na luta, combate ou duelo entre as partes para formar a verdade sobre os fatos, tida como verdade formal. É uma forma de se atingir o conhecimento "por meio de uma prévia exposição e análise de todas as posições adotadas antes de mostrar 'verdadeira sentença'" (Ferrater-Mora, p. 276). Parte do pressuposto que dando liberdade de atuação às partes e impondo-lhe responsabilidades, sob a presença e a arbitragem de um juiz, os interesses colidentes serão mais bem resolvidos. A *disputatio* é encontrada no sistema acusatório nas antigas legislações, da Idade Média e atualmente na *common law* (Dias, 2004, p. 188 e 190).

Na Grécia antiga a *disputatio* era uma livre discussão entre o mestre e o discípulo, na qual se aduziam e discutiam argumentos favoráveis e contrários a uma tese.

Por fim, no ***dialogus*** há raciocínio a dois, entre o ser humano e a coisa, indaga-se o necessário para a inteligibilidade comunicativa conjunta à coisa (Zaffaroni, 2006, p. 497 ss). O modelo de justiça restaurativa tem como premissa o diálogo entre as partes para a composição de conflito interpessoal. Os conflitos são resolvidos coletivamente e as partes se encontram para lidar com as implicações e consequências para o futuro, acerca de um crime envolvendo-as. Ela busca o retorno do *status quo* anterior ao evento criminoso (Jorge-Birol, 2012, p. 89).

A origem grega do diálogo, com Sócrates e Platão, representa "uma conversa, uma discussão, um perguntar e responder entre pessoas unidas pelo interesse comum da busca", que implica no reconhecimento tolerante da legitimidade de outros pontos de vistas, com boa vontade de entendê-los em sua razão (Abbagnano, p. 274).

Denota-se que o *dialogus* é uma técnica de pesquisa e investigação baseada na discussão conjunta de ideias, diferindo da dialética que compreende o confronto de pensamentos e realidades com a perspectiva de superação (Schuveter e Barros, 2013).

5.5 Investigação criminal e justiça consensual

A investigação criminal como integrante do sistema de justiça criminal e do sistema de persecução criminal, assume características distintas de acordo com a conformação atribuída pela política criminal, que reflete diretamente nela e no processo penal em juízo.

No Brasil predomina o modelo histórico da *civil law* no qual os fatos criminais são investigados visando a busca da verdade sobre eles e a aplicação da pena correspondente, com observância do devido processo legal, da legalidade penal e processual, do contraditório e da ampla defesa.

Em virtude de dificuldade para o aparelho estatal investigar e processar todos os eventos criminais, principalmente da criminalidade organizada e complexa da sociedade moderna, surge a tendência de adoção de modelo de justiça consensual, inspirado no sistema da *common law*, em que o Estado negocia com o criminoso a sua confissão em contrapartida a benefícios que o Estado oferece. Nela, o investigado em vez da posição de resistência à investigação, passa a colaborar e possibilita o abreviamento da solução criminal.

Nos crimes clássicos, cuja estrutura dos sujeitos é composta pela vítima e pelo agente criminoso – com pequenas variações – são empregados os métodos tradicionais de investigação, já na criminalidade organizada em que há vários agentes criminosos, busca-se que um deles colabore com a persecução criminal e possibilite o esclarecimento do fato.

Neste contexto, surge a justiça negociada ou consensual, ou direito premial, com reflexos diretos na investigação criminal, destacando-se os seguintes mecanismos colaborativos: a composição civil, a transação penal, a delação premiada, barganha e acordo de não persecução penal (Vasconcelos, 2015).

A composição civil e a transação penal estão previstas na Lei dos Juizados Especiais, Lei nº 9.099/95, para crimes de menor potencial ofensivo. A composição civil é uma forma de solução pactuada de conflitos na qual a vítima e o agressor realizam acordo de composição civil dos danos, mediante diálogo intermediado pelo juiz ou conciliador, durante a audiência preliminar. A transação é o acordo entre o acusado e o acusador, sem reconhecimento da culpabilidade pelo acusado, em que o infrator aceita a aplicação imediata de aplicação de pena restritiva de direito ou multa, sem o seguimento de processo.

A barganha (*plea bargaining*) é o acordo celebrado entre acusado e acusação, em que o acusado reconhece a culpabilidade e confessa seus crimes em troca de punição mais leniente do que a que seria aplicada ao final do processo, geralmente a redução da pena, portanto, há renúncia ao direito ao julgamento e a sua defesa. Admite-se também benefícios para o cumprimento da sanção, não pagamento de despesas processuais ou outros atrativos do sistema (Vasconcelos, 2015, p. 68).

São elementos essenciais da barganha: 1) a renúncia à defesa; 2) a imposição de uma punição antecipada; e 3) a expectativa do investigado receber algum benefício processual (Vasconcelos, 2015, p. 68).

A delação/colaboração premiada é uma técnica de investigação, ou instituto de direito premial, que se baseia na confissão e ajuda nas investigações pelo investigado ou acusado, inclusive fornecendo informações que incriminem terceiros, prestada de forma voluntária, que lhe assegura um prêmio, que pode variar da diminuição da pena até à liberação da punição.

A delação se caracteriza por: "1) consentimento do réu a partir de vontade livre, esclarecida e consciente; 2) necessidade de lastro probatório para a confirmação da confissão; 3) imprescindibilidade do acompanhamento de advogado em todos os atos; 4) postura passiva do julgador (proibido participar das negociações); 5) possibilidade de retratação; e, 6) vedação da utilização da declaração de culpa em caso de insucesso da negociação" (Vasconcellos, 2015, p. 117).

A diferença entre delação premiada e a barganha reside no fato de que nesta a autoincriminação visa à própria sanção penal e naquela visa à incriminação de terceiros, mas em ambas a confissão se deve à expectativa de obtenção de benefício ou prêmio, tornado a persecução criminal mais célere e menos onerosa ao Estado.

Existe ainda, o mecanismo negocial da não persecução penal, em que a acusação maneja a oportunidade de encerrar antecipadamente o caso, sem oferecimento de denúncia, mediante a confissão do investigado, sem imposição de pena ao acusado, diferentemente da barganha na qual há imposição de uma punição (Pereira, 2016, p. 135 ss).

Outro mecanismo premial é o acordo de leniência prevista na legislação antitruste, e agora também na defesa da concorrência com a Lei nº 12.529/2011) com características iguais à delação premiada, exceto no tocante à autoridade legitimada para celebrar o acordo, que é o Ministério da Justiça e não o ministério público (Vasconcellos, 2015, p. 113). Nota-se atualmente um ativismo do ministério público ao celebrar acordos de leniência, provocando amplo debate sobre o tema.

Segundo parcela da doutrina, o direito penal premial é uma tendência das ciências criminais brasileiras, que veio para ficar (Rosa, 2018, p. 101. Mendonça, 2017, p. 102), mas que tem gerado bastantes críticas da doutrina (Pereira, 2016, p. 75 ss. Badaró, 2017, p. 143 ss), cuja introdução no Brasil se deve a ideias eficientistas de controle da criminalidade e à mercantilização processual - em vez do sistema americano no qual ele é um princípio regente do sistema –, constituindo um retrocesso autoritário com nuanças de inquisição em que o acusado é coagido a colaborar, onde a confissão é a rainha das provas, havendo relativização de garantias fundamentais, o desaparecimento do processo e da defesa, com inversão da carga probatória entre as partes e com desequilíbrio da balança entre os atores processuais, com clara violação do mínimo ético fundamental que o Estado está obrigado (Vasconcellos, 2015, p. 144).

Houve uma Proposta de Emenda à Constituição - PEC 230/2000, que conferia atribuições ao ministério público para proceder a mecanismos premiais, mas ela foi rechaçada. No projeto de novo Código de Processo Penal, no PLS 156/2009, há a previsão do denominado procedimento sumário como mecanismo negocial, admitindo a negociação nos crimes com pena máxima de 8 anos, com acordos para imposição de pena privativa de liberdade, mediante o reconhecimento da culpabilidade.

Outra vertente defendida por juristas advoga que, na criminalidade de pequena e média ofensividade, que ensejam medidas consensuais, deve ser excluída do âmbito do direito penal e passar a ser objeto do direito administrativo sancionador, ou quiçá, o direito de segunda velocidade de Silva-Sánchez.

O ministério público vem promovendo interpretação extensiva e ativista da Constituição Federal e das normas processuais, inclusive da Lei nº 12.850/2013, chegando ao ponto do Conselho Superior de Ministério Público vir a editar a Resolução 181, publicada em 08 de setembro de 2017, se autoconcedendo a faculdade de celebrar acordos de não persecução penal, levando a Ordem dos Advogados do Brasil e Associação dos Magistrados do Brasil a ingressarem com medidas no Supremo Tribunal Federal para derrubar o ato do CNMP (ADI 5.790 e 5.793). Em seguida o CNMP editou a Resolução 183, em janeiro de 2018, promovendo alterações na Resolução 181.

Defendemos que o modelo de processo penal brasileiro deve ser atualizado e aperfeiçoado, mediante ampla discussão pela comunidade jurídica, sociedade e setores representativos do sistema, e dessa maneira, a introdução de alteração sistêmica do processo penal brasileiro que represente mudança brusca e radical, não pode ser introduzida por resoluções de conselhos ou voluntarismos isolados, como vemos no ministério público.

Neste diapasão, a introdução de mecanismos céleres para solução de conflitos logo na fase inicial da persecução criminal, deve contemplar os mecanismos negociais na fase preliminar de atuação da Polícia Judiciária, já que é a porta de entrada do sistema de persecução criminal e pode colaborar bastante para o consenso, na fase inicial, e com isso colaborar para desafogar o Poder Judiciário, associado ao fato de o ministério público não possuir estrutura nem para dar andamento aos atuais casos que chegam às suas mãos. Neste momento a Polícia Judiciária tem a possibilidade de manejar as opções táticas mais adequadas ao caso, quando recebe a notícia da infração penal e tem domínio dos indícios e vestígios existentes.

Por outro lado, não compactuamos com a retirada do magistrado da solução de conflitos criminais, como defende o ministério público, já que cabe ao Judiciário julgar o caso e aplicar a sanção, dentro de um processo que contemple todas as fases e toda a dinâmica dos mecanismos negociais. A concentração de poderes no ministério público, como já vem ocorrendo no Brasil, pode dar azo a desvios e arbítrios, uma vez que todo detentor de poder tende a abusar dele.

5.6 Tipos de investigação criminal quanto ao campo do conhecimento

A investigação criminal mobiliza vários conhecimentos no seu estudo, mas ela possui um núcleo duro que constitui objeto de suas reflexões, não explorados por outros ramos, principalmente pelo processo penal. Afora as polêmicas existentes em torno da interdisciplinaridade, ela está presente na investigação criminal, ou seja, há a "convergência de várias disciplinas sobre um objeto comum, com certo grau de integração" (Elbert, 2009, p. 261).

É da natureza da investigação criminal a mobilização cooperativa de campos especializados do conhecimento e métodos diversificados, sob uma coordenação, funcionando o saber jurídico como guia, para que ao final se produza um conhecimento unificado sobre o evento fático-jurídico (Dias, 2011, p. 114). Podem ser lembrados a medicina, antropologia, história, tecnologia da informação, ciência política, administração, biologia, engenharia etc.

A experiência nacional e estrangeira na operacionalização da investigação criminal, conta com o domínio de uma coordenação jurídica. No Brasil, historicamente o delegado de polícia titulariza e domina a investigação, porém recentemente o Supremo Tribunal Federal deferiu o domínio de algumas investigações ao ministério público. Em geral, no âmbito do sistema de justiça criminal a coordenação historicamente é destinada ao campo jurídico, representada pelo delegado, procurador, juiz instrutor, comissário, oficial de polícia etc., conferindo autonomia ao criminalista no aspecto técnico para desenvolver a investigação segundo critérios táticos próprios da investigação.

Numa acepção ampla ela consiste em procedimento metódico e regulado aplicado no conhecimento de um evento criminal, que proporciona ao sujeito cognoscente informações sobre o mesmo, e que lhe permite o encaminhamento de uma solução, seja ela parcial provisória ou definitiva. Sucintamente é conhecer o crime para promover sua repressão, como vimos assinalando ao longo deste trabalho.

Levando em conta os saberes típicos e cooperativos, quanto ao campo de conhecimento a investigação criminal pode ser classificada na seguinte forma:

1. *Investigação criminal stricto sensu*, que trata da técnica e da tática da investigação, a descoberta, coleta, análise de vestígios e provas, típica e própria da atividade policial e, eventualmente e suplementarmente, por outros atores da persecução criminal. Abrange o processo de descoberta e de validação de hipóteses, mediante emprego de

conhecimentos próprios da matéria – como os princípios da correspondência e da transferência, os conceitos sobre indício, vestígio, os raciocínios investigativos, as presunções e máximas de experiência –, assim como saberes aplicados de outros ramos científicos, seja da ciência da natureza, humanas e sociais.

2. *Investigação criminal lato sensu*, corresponde a *descoberta e conhecimento de crime para sua repressão*, que constitui a essência da atividade, acrescendo-se complementos ao verbo no infinitivo (*conhecer)*, como o tempo, o objeto, a função, o sujeito etc., temos outras dimen*sões que compõem o universo da disciplina.*

3. *Jurídica*, que é transversal a todos os demais conhecimentos investigativos, notadamente no tocante às limitações jurídicas ao processo cognitivo e à investigação criminal em juízo. Os saberes jurídicos orientam todo o trabalho investigativo, desde a descoberta, passando pela coleta e análise de informações e vestígios, conformando o *que*, o *onde*, o *quem*, o *quando*, o *como*, e o *porquê* dos atos investigativos, por constituírem medidas restritivas das liberdades públicas que devem ser rigorosamente reguladas, para evitar abusos e desvios. Neste sentido Eliomar da Silva Pereira (2014, p. 17) magistralmente ensina que a "investigação é um saber de domínio prático que se desenvolve no âmbito de uma ideologia jurídico-penal".

4. *Investigação criminal criminológica*, que trata das formas de perpetração do crime nas mais variadas modalidades criminosas, sua dinâmica de ocorrência no ambiente social, sua tendência, seu agrupamento sistêmico, a subsidiar o investigador com informações para desenvolvimento de modelos e estratégias de ações investigativa, preventiva e gestora de crimes. Os conhecimentos criminológicos sobre as causas dos crimes e os estudos sobre os comportamentos delitivos, comunicam-se e integram-se à investigação criminal. Por outro lado, o investigador criminal desenvolve conhecimentos criminológicos de médio alcance que subsidiam o criminólogo, e vice-versa. Estes conhecimentos compõem o estoque de conhecimento

formalizado ou não de uma organização, e auxiliam na investigação de um caso concreto e individualizado. A afinidade da criminologia com investigação criminal – inicialmente denominada criminalística – é tão grande, que nos primórdios do surgimento das duas disciplinas no final do século XIX, elas se confundiam (Zbinden, 1957, p. 11), inclusive a fundação de ambas foi obra de Hans Gross, que chegou a sistematizar a investigação criminal no seu *Manual para juízes de instrução*, publicado a partir de 1893.

5. *Investigação criminal científica*: estuda a investigação criminal como atividade científica, colhendo os conhecimentos da Teoria da Ciência e da Epistemologia para auxiliar na formação do conhecimento policial, com atributos de validade e legitimidade nas proposições produzidas, levando em conta os critérios de verdade, ou seja, o conhecimento como uma crença verdadeira e justificada e todos os problemas que o cercam. Bem defende Eliomar da Silva Pereira (2014, p. 22) que a investigação criminal "precisa confrontar-se com problemas epistemológicos fundamentais, se pretende instituir-se como conhecimento". Com isso, denota-se que a investigação criminal busca – e ontologicamente é – tributária do conhecimento científico, em todas as suas modalidades, não apenas os conhecimentos relacionados às ciências da natureza manejados pela perícia criminal

6. *Administração da investigação*: busca a colaboração da Ciência da Administração na gestão da organização policial e na administração do conjunto das investigações, visando à adequada administração de meios e recursos para a boa consecução da atividade investigativa e sua eficiência diante da criminalidade de uma localidade. Embora a investigação concreta e isolada seja objeto da investigação *stricto sensu*, o criminalista deve recorrer-se aos conceitos da administração para gerir seu processo investigativo e os recursos que dispõe, sem ignorar as peculiaridades da investigação policial com seus recursos técnico-científicos e as orientações jurídicas correlatas.

Graficamente, então, os saberes mobilizados podem ser representados da seguinte forma:

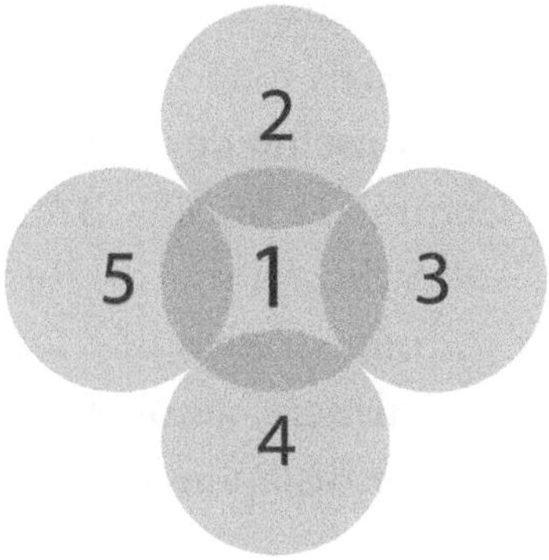

1. IC estrito *sensu*.
2. IC jurídica.
3. IC criminológica.
4. IC científica.
5. Administração da IC.

5.7 Tipos da investigação criminal quanto ao órgão investigante

A investigação criminal oficial é matéria afeta a polícia investigativa, na maioria dos países civilizados, considerando-a numa acepção restrita de investigação como instrumento de persecução penal. A acepção ampliada de investigação criminal é estudada nos tópicos 3.2, 5.1 e 5.2. É o *lócus* da polícia e supletivamente de outros órgãos que realizam investigações com reflexos criminais. A tradição jurídica brasileira não é diferente, com organismos especializados na matéria, inclusive os profissionais da investigação criminal oficial são formados em academias de polícias, também, dispõem de um ramo de saber próprio especializado. Ela pode ser sistematizada da seguinte forma:

1) *Investigação* criminal típica ou *substancial:* é a busca do esclarecimento da verdade material dos fatos, através da pesquisa dos vestígios e indícios deixados pela infração, traduzidas numa instrução preliminar, desencadeada pela polícia judiciária.

2) Investigação criminal *atípica ou acidental:* são as investigações não criminais produzidas por órgãos públicos no exercício de seu poder fiscalizatório, mas, durante as apurações, acidentalmente, deparam com crimes e por dever de ofício estão obrigados a comunicá-los as autoridades persecutórias, *vg.*, juízes criminais e não criminais[20], Comissão Parlamentar de Inquérito - CPI, Conselho de Controle de Atividades Financeiras - COAF, Banco Central do Brasil - BACEN, Instituto Nacional do Seguro Social - INSS, Secretaria da Receita Federal do Brasil - SRFB, Conselho Administrativo de Defesa Econômica - CADE, artigo 187 da Lei de Falência, autos de infrações e procedimentos administrativos gerais e disciplinares dos órgaos públicos etc.
3) Investigação criminal *subsidiária*: é aquela realizada pelas partes no processo penal visando angariar provas que permitam o exercício de sua função institucional de acusar ou de defender. Englobam-se as diligências de cunho investigatórias do MP e da defesa, visando complementar a investigação policial e instruir a ação penal, na instrução definitiva.

Além da investigação subsidiária realizada pela defesa, temos também a **investigação criminal defensiva.** Ela foi regulamentada na Itália com a Lei nº 397/2000, que alterou o Código de Processo Penal italiano e disciplinou a matéria, gerando debates entre processualistas brasileiros devido as semelhanças sistêmicas e a identidade jurídica comum da *civil law,* culminando na edição da Resolução 188, de 11.12.2018, pelo Conselho Federal da Ordem dos Advogados do Brasil, que regulamenta a realização de diligências investigatórias para instrução em procedimentos administrativos e judiciais.

[20] Em virtude do sistema acusatório entre nós, a autoridade judiciária não possui a função de iniciar a investigação policial e da ação penal, somente o dever de comunicar.

A investigação pela defesa enfrenta algumas dilemas, tal como: a regulamentação *extra legem*, como o fez o Conselho Superior do Ministério Público com a Resolução 183, uma vez que a competência para legislar sobre matéria de direito processual penal é da União; o valor da prova colhida no inquérito defensivo; a falta de coercibilidade do investigador privado; a ausência de fé pública, a unidirecionalidade da investigação; o ônus da oficialização e formalização da investigação privada; a possibilidade da investigação oficial servir-se das informações colhidas pelo defensor, inclusive requisitando-a, apreendendo-a; o despreparo técnico do investigador defensivo; o alto do custo do processo e da realização de investigações técnicas etc.

No âmbito da investigação defensiva Gabriel Bulhões (2018, p. 9) propõe a seguinte taxonomia, "sendo encarada a investigação defensiva (*lato sensu*) como um gênero, do qual fazem parte quatro espécies: 1) investigação defensiva *stricto sensu*; 2) investigação defensiva dos interesses das vítimas; 3) investigação defensiva corporativa; e, ainda, 4) investigação defensiva colaboracional."

5.8 Tipos de investigação criminal: esquema geral evolutivo

No quadro sistemático abaixo, é explorado os modelos clássico e especial de investigação criminal, que permitem refletir sobre a evolução histórica e as distintas características dos diversos tipos de investigações estudados ao longo deste capítulo.

Convém salientar que o quadro não pressupõe características fixas, estáveis e invariáveis, mas apenas fornece elementos pedagógicos que buscam representar os modelos de investigação e sua evolução.

CARACTERÍSTICAS	CLÁSSICO	ESPECIAL
Modelo	Repressivo	Preventivo
Pensamento	Simplificador, estável, objetivo, reducionista	Complexo, desordenado, aleatório, instável
Discurso	Garantista, mínimo, direito à liberdade	Expansivo, direito à segurança
Estrutura	Estável e simplificada	Mutável e difusa nas variáveis espacial, temporal, modal, sujeitos
Crimes	Patrimônio, contra a pessoa	Coletivos, supraindividuais
Ação policial	Reativa	Proativa, prospectiva
Causalidade	Simples, linear	Complexa, sistêmica
Entrada na PJ	Vítima, testemunha, patrulha	Proativa, prospectiva
Autoria	Individual ou unipessoal	Múltipla, associativa
Meios	Ordinário, modesto, violento	Sofisticado, tecnológico
Investigação	Visível, captável sensorialmente	Invisível, dificuldade criminalística
Relação com a sociedade	Punição, repulsa	Simbiose

6
FUNÇÕES DA INVESTIGAÇÃO CRIMINAL

O estudo das funções da investigação criminal geralmente é tratado pela doutrina como instrumento para ação penal, que pode ser traduzido no fornecimento de elementos informativos para a acusação e, também, a função de filtro processual de acusações temerárias (Lopes Junior, 2013, Giacomolli, 2011, p. 50). Esse é o enfoque geralmente atribuído ao tema, geralmente enfrentado pelos processualistas penais, como discorremos no Capítulo 2.

É a investigação criminal, encampado tal posicionamento, funcional à justiça criminal? Ou a acusação, como pretende corrente ligada ao ministério público? Ou a segurança pública? Ou, embora tangencie outras funções públicas, ela possui um âmbito funcional que lhe é peculiar e específico que constitui sua essência?

Neste tópico vamos aprofundar o tema discorrendo sobre outras funções para a mesma, de cunho complementar, extraprocessual, externa e reflexa, que se orientam por outro bem ou valor social, e como se verá tangencia a proteção dos bens jurídicos de segurança, paz, a proteção de ataques à vida, integridade corporal, liberdade, propriedade.

A visão fechada e mecanicista da função investigativa criminal e da organização policial investigativa, com atributos servis à acusação, não encontra suporte no pensamento científico sistêmico, em que a investigação criminal é vista como integrante de um sistema aberto e orgânico que interage com o sistema de justiça criminal e o sistema de segurança pública, além de interação constante com a sociedade e organizações privadas e públicas. Como um sistema aberto, a investigação criminal se relaciona com o meio, mas não em uma relação de dependência, mas em uma relação constitutiva do sistema, ensina Edgar Morin (2008, p. 32). Embora interaja com o sistema, a investigação criminal goza de autonomia disciplinar e possui atributos próprios.

A multifuncionalidade da investigação criminal decorre de sua interação com outras organizações: judiciário, polícias judiciárias e ostensivas, autoridades públicas, academia, sociedade, associações, ONGs, órgãos de fiscalização etc. Deste modo, é aberta em suas relações, ao invés da visão fechada que "provoca uma visão do mundo classificacional, analítica, reducionista, uma causalidade unilinear", conforme pensamento de Morin (2008, p. 34). Este fechamento funcional convergiria àquela doutrina estritamente instrumental, que inclusive defende a unidirecionalidade da investigação criminal, chegando ao ponto de esta visão fechada fundamentar ideias de fagocitose da investigação criminal pelo órgão de acusação, as quais certamente a levaria à desintegração, com claros danos à cidadania e ao equilíbrio entre as partes no processo penal.

Devido à natureza dos problemas criminais que emergem da sociedade, a reclamar uma estrutura investigativa conformada orgânica e funcionalmente para sua gestão, a missão da investigação criminal (polícia judiciária) é complementar a função judiciária e a função preventiva, de forma que o sistema de justiça criminal não contenha lacuna em matéria investigativa. A complementaridade é vista nas ações rotineiras da atuação policial investigativa, mas principalmente na criminalidade organizada e complexa que demanda ações especializadas de órgãos e entidades que são convocadas a colaborarem com as autoridades investigativas.

Fentanes (1997, p. 140) apresenta quatro modalidades de exercício da polícia judiciária derivados de concepção tida por ele como jurídica, que levam em conta a sequência lógica das fases de atuação policial:

1. Prevenção especial de delito.

2. Investigação criminal (investigar, provar e apresentar agente a justiça).

3. Descoberta, persecução e detenção de autores e partícipes.

4. Comprovação legal dos fatos na etapa policial do procedimento.

Estas modalidades guardam correspondência com as funções da polícia judiciária, que, por sua vez, se confundem com funções da investigação criminal. Algumas funções podem ser consideradas próprias, como a investigação criminal e a descoberta e persecução de criminosos. Por sua vez, a prevenção especial e a instrução poderiam ser consideradas uma função reflexa ou talvez imprópria, a depender da concepção adotada. A investigação criminal seria, segundo Fentanes (1979, p. 143), o núcleo principal e substancial, uma função própria e típica da polícia, corresponde à função de polícia judiciária e abrange o aspecto técnico e científico, com a missão de investigar infrações (atos de investigação), reunir as provas (atos de instrução), e levar os autores aos tribunais encarregados de punir (atos de persecução), aqui socorre o autor aos ensinamentos do tratadista francês Garraud (1979, p. 145).

Silva Pereira (2010, p. 86) assinala duas finalidades para a investigação criminal, quando defende que a legitimidade de um processo penal deve compreender uma investigação sobre o fato investigado, "um mínimo de elementos probatórios acerca do crime". Esta é a finalidade *externa* e *instrumental* quando ela contribui para justificar e legitimar a instauração de um processo penal, mas poderá ser *imprópria* quando não fundamenta a instauração de um processo, portanto, neste caso necessariamente não vincula o processo penal.

Além disso, o citado autor defende a finalidade *interna*, portanto, *essencial* e *própria*, que consiste na busca da verdade sobre os fatos investigados, que é vinculativa e, portanto, essencial a sua presença em todo o processo investigativo.

Para a compreensão do papel da investigação criminal no sistema de justiça criminal e fora dele, vamos discorrer sobre a finalidade de busca da verdade, em seguida, vamos analisar as funções de solução de problemas e do devido processo legal, para depois enfrentarmos as funções processual e extraprocessual da investigação, a função de implementação de política criminal do Estado, a resolução de conflito criminais e a visão democrática e humanitária. Após analisar essas funções discorreremos sobre os aspectos essenciais e acessórios da função investigativa

Podemos, então, dividir as funções da investigação criminal na seguinte forma:

Essencial
- Busca da verdade
- Solução de problemas
- Devido processo legal

Acidental
- Extraprocessual
- Controle do crime
- Implementação de política criminal do Estado
- Resolução de conflitos criminais

6.1 Busca da verdade

A busca da verdade – junto com a solução de problemas – constitui a principal função da investigação criminal. Segundo doutrina majoritária, a busca da verdade é uma importante função do processo penal, e por decorrência, principalmente, da investigação criminal. Neste sentido caminham Michele Taruffo (2010), Luigi Ferrajoli (2010), Marina

Gascón Abellán (2010), Nicolás Gusmán (2006), Gustavo Badaró (2018), Vera Kaiser Sanches Kerr (2011), Marta Saad (2004), Sérgio Pitombo (1991) e Guilherme Nucci (2011), com os temperamentos que os mencionados autores fazem sobre a impossibilidade da verdade absoluta na investigação e no processo penal.

Na investigação criminal é impraticável não raciocinar com verdades na busca dos elementos fáticos. A investigação pressupõe que as ações do investigador sejam pautadas pelo conceito e por critérios de verdade, sob pena de o criminalista buscar outras pautas para orientar seu trabalho, como a emoção, intuição, subjetividades, a força ou outro valor arbitrário. Outros valores podem auxiliar no desenvolvimento da investigação criminal, mas a verdade é ineliminável e ela constitui o fundamento de uma teoria da investigação geral e criminal, chegando Ferrajoli (2010, p. 48) a proclamar "'se uma justiça penal integralmente 'com verdade' constitui uma utopia, uma justiça penal completamente 'sem verdade' equivale a um sistema de arbitrariedade'".

No processo de descoberta das circunstâncias fáticas de um evento criminal, na coleta de vestígios iniciais, na formulação e averiguação da hipótese, se o criminalista apenas se guiar pelos valores "beleza", consenso, coerência hipotética ou utilidade, o resultado da investigação certamente conduzirá à injustiça e à quebra de confiança no Estado e suas instituições. No entanto, a coerência, o consenso entre as partes, a utilidade dos achados, podem servir para orientar a tomada de decisão sobre a conclusão fática produzida pela investigação.

Embora a verdade seja a finalidade ou um pressuposto da investigação criminal, isso não significa que a verdade buscada seja uma verdade absoluta ou objetiva, tornando necessário identificar o conceito e o critério de verdade que o criminalista se apoiará. Segundo a melhor doutrina de orientação moderadamente realista, a verdade dos fatos é possível e adota a correspondência entre o fato e o que dele se enuncia, com lastro em provas fáticas. Esta doutrina reconhece que o conhecimento sofre limitações tanto pela capacidade perceptiva humana quanto pelas restrições impostas à ação investigativa pelo sistema jurídico, como a proibição de provas ilícitas por exemplo. Há um consenso que a verdade buscada é a processualmente válida, ou aproximada.

Portanto, para nós a epistemologia investigativa é epistêmica e cognitivista, persegue a verdade no tocante à semântica, sintaxe e pragmática investigativa, ou seja, no processo interno de investigação quando se busca vestígios do crime, analisa os achados e se conclui com uma imputação criminal ou não-imputação, entretanto, a verdade pode ser limitada para atender outros valores: ideológicos, econômicos, jurídicos, sociais etc. Por exemplo, o legislador optou pela solução de conflitos com o sistema de processamento dos crimes de menor potencial ofensivo (Lei nº 9.099/1995), sem a necessidade de aprofundamento investigativo para a formulação de hipóteses verdadeiras, quando se contenta apenas com registros simplificados do crime processado, sem a investigação dos fatos.

Com isso, conclui-se que a verdade compõe a teoria da investigação e chega a colmatar o princípio da investigação conforme assinalamos nos tópico 4 e 2.15, portanto, é uma função importante e destacada da investigação criminal, mas ela pode ceder, ou concordar, com outros valores durante a solução de conflitos criminais.

6.2 Solução de problemas

Como afirmamos anteriormente, a *solução de problema* com a *busca da verdade* sobre os fatos, compõem as principais funções da investigação criminal. Concordamos com Eliomar da Silva Pereira (2010, p. 55) quando afirma que sem dúvida, a solução de problema é a concepção que melhor atende a realidade da investigação criminal, mas adverte o autor, desde que não abandonemos a noção de verdade que é igualmente necessária.

Encontramos no referido autor e também em Dutra (2008, p. 282. 2001, p. 141) e Larry Laudan (2011) a colocação das ciências como solução de problemas emergentes da sociedade ou da natureza. O crime como anomalia que emerge do contexto social demanda a ação investigativa para desvelá-lo, para esclarecer seus componentes pessoais e reais que culminará na formulação de uma hipótese que servirá a uma decisão do Poder Judiciário, de iniciar ou não um processo-crime, uma decisão de condenação ou absolvição.

Estes problemas emergentes da interação social lesivos a bens jurídicos protegidos pela norma penal, ou seja, os crimes, constituem objeto da investigação criminal, sobre os quais o criminalista também deverá guiar-se pelos modelos típicos previstos na lei penal[21].

Assim como outros problemas que emergem da sociedade - como os problemas ou fatos históricos estudados pela historiografia, os problemas de cunho social analisados pela sociologia, os problemas derivados de moléstias do corpo humano examinados pela medicina, e outras várias ciências - a investigação criminal debruça-se sobre a pesquisa de crimes cometidos por indivíduos na sua interação social.

Não estamos referindo ao problema referente à solução do caso penal em si, que cabe ao Poder Judiciário, mas ao problema relativo à definição das circunstâncias pessoais, causais, modais e materiais de um fato criminal, de forma a permitir a tomada de decisão provisória (ou definitiva) sobre início ou não de um processo criminal, portanto referimos a problemas relacionados aos elementos geralmente ocultos derivados do cometimento da infração penal, que requerem uma intervenção investigativa para delimitá-lo e defini-lo.

Pode ser lembrado àquele problema saliente da vida social a requerer uma solução, o crime de homicídio que produz tanto dano e inquietação social, que requer mecanismos legais e criminalísticos, com

---

[21] O objeto da investigação criminal foi estudado no Capítulo 3

estratégias adequadas para identificar os autores e promover sua responsabilização. Não será diferente as ações cometidas por organização criminosa, como as quadrilhas que dedicam a furto e roubo de veículos que são "esquentados" e colocados em circulação. Esta criminalidade, quase sempre oculta, requer medidas investigativas especiais da polícia, certamente constitui problema saliente da vida social brasileira de outras muitas nações.

Conforme assinalado anteriormente, não podemos levar ao extremo esta função de solução de problemas da investigação criminal, numa concepção meramente utilitarista, devido às peculiaridades do processo penal e da investigação criminal que impõem limites à ação policial e que prestigiam outros valores: ético, proteção do indivíduo, proteção da intimidade etc.

A função de solução de problemas além de ser essencial à investigação também ela pode constituir função potencial para outras funções, como a solução de crime e a implementação de polícia pública.

Como colocamos no capítulo sobre o conceito de investigação, na definição de cunho generalista de John Dewey (1985, p. 58 e 68), ele a concebe como solução de problemas, considerando-a como a transformação controlada ou dirigida de uma situação indeterminada em uma situação determinadamente unificada.

É o que vemos na investigação criminal que depara com fatos confusos, dispersos, indícios frágeis, onde o criminalista inicia seu trabalho de coleta, seleção, análise e, por fim, chega a uma conclusão definindo e determinando a situação do caso, a justificar a imputação ou não de um crime a alguém, ou seja, corresponde a um banho lustral nos meios de prova existentes, referido por Sérgio Pitombo (1978, p. 20).

Mesmo quando os fatos não estejam confusos ou problemáticos, já constitui um problema o fato de ele ser submetido à investigação criminal, seja por imposição da lei para determinada situação, seja somente para instruir fato cuja situação já está determinada.

6.3 Função do devido processo legal

A proteção de direitos fundamentais do cidadão é a finalidade deste modelo de atuação policial, associada à primazia da liberdade do indivíduo e limitação dos poderes coercitivos do Estado, privilegiando valores liberais, conforme ensina Salinas (2010, p. 198). Ela pressupõe que a investigação criminal compõe um processo legal e dele não pode se afastar[22].

Por esta função se busca proteger o inocente de condenação injusta, para isso são reforçados os princípios liberais como a presunção de inocência, igualdade de armas, direito ao silêncio, assistência de advogado, que metaforicamente funcionam como uma barreira de obstáculos ao Estado-investigador. É o caso do modelo garantista elaborado por Luigi Ferrajoli com seu sistema axiomático de princípio que orienta toda persecução criminal. Para evitar erros judiciários são criadas barreiras à investigação e ao processo, onde as provas são exaustivamente perscrutadas e constrangidas em busca de alto padrão probatório.

Sua prioridade é a fiabilidade das decisões condenatórias, que acaba redundando em desconfiança da investigação realizada pela polícia, por isso a limitação de direitos do investigado é promovida por um juiz, em vez da polícia, exceto nos casos de urgência. Por esta razão, neste sistema há maior aceitação de absolvição de culpados em detrimento de condenações consideradas injustas.

Nesta função não são admitidos deslizes da investigação, que deve seguir modelo rigoroso no tocante à forma, meios e tempo dos atos de investigação. Aplica-se a regra em que se o investigador não tem direito de atuar e realiza alguma medida restritiva de direito de alguém, ele será responsabilizado administrativamente e criminalmente, e, mesmo

---

[22] Sobre a natureza processual da investigação criminal veja-se Eliomar da Silva Pereira, A investigação probatória no processo penal contemporâneo, p. 201 ss.

assim se sua medida investigativa ilícita gerar um processo criminal contra de alguém ela será invalidada (Morillo, 1995, p. 86).

6.4 Função processual e extraprocessual da investigação criminal

A doutrina que debruça sobre a investigação criminal geralmente apresenta uma função instrumental e imanente da mesma em relação ao processo e a ação penal, enfocando-a como a fase inicial da persecução criminal onde são produzidos "elementos informativos" para a propositura da ação penal[23]. Esta doutrina manualesca predomina entre os processualistas penais, fortemente influenciadas por interesses corporativos do ministério público que busca colocar-se no centro executório e decisório do processo penal, com claro desequilíbrio no sistema de prestação jurisdicional criminal, mas também, no modelo acusatório que se pretende implantar a fórceps, como denuncia Silva Pereira (2018).

O raciocínio enviesado desta corrente considera que a investigação criminal existe tão somente para subsidiar a fase seguinte da persecução, a formação da *opinio delicti* do órgão acusador, no entanto, a mesma lógica já não prevalece na instrumentalidade da ação penal em relação à manifestação jurisdicional ao final do processo, com a decisão do magistrado. É necessário um olhar com lentes que ampliam o conhecimento da função da investigação criminal, em vez de lente restritiva, aprisionadora e castradora empregada por setores doutrinários que não chegam a se debruçar sobre a matéria, com a seriedade necessária.

Logicamente, a investigação criminal é (ou poderá ser) instrumental à pretensão acusatória do ministério público, mas ela não se encerra

---

[23] No Capítulo 2, no tópico 2.8 e seguintes, discorremos e criticamos a função instrumental da investigação criminal, atribuída por setores da doutrina e práxis.

nisso, inegavelmente ela possui outras funções processuais e extraprocessuais que transcendem a ação penal. São funções externas e complementares à busca da verdade para instruir o processo penal.

A instrumentalidade é considerada acidental porque nem sempre instruirá um processo penal, quando seu resultado pode gerar um arquivamento, ou, quando os atos investigativos forem incipientes e não se dirigem a um sujeito determinado, mas ao esclarecimento de fatos suspeitos, limitando-se a medidas administrativas sem interferência na esfera de liberdade de alguém, portanto, sem nenhum traço de processualidade penal, entendida em sentido estrito.

Esta instrumentalidade no plano empírico não é o que se espera que a polícia faça e nem é o que ela de fato faz, uma vez que ela se articula com outras funções de forma a integrá-las nas suas variadas manifestações. Também, veremos no plano dogmático-científico que as várias exceções não confirmam a regra da mencionada instrumentalidade.

Para além da função *processual interna* projetada na ação penal, também temos a função *processual* externa compreendida pela transcendência funcional para outro ramo processual diferente do processual penal, com reflexos do resultado da investigação criminal em outras áreas processuais, a civil, a tributária, a administrativa etc.

O próprio Código de Processo Penal a partir do art. 63 trata da ação civil *ex delicti*, já indicando **função processual externa**.

O Código Civil, Lei nº 10.406/2002, no art. 935 estabelece regra sobre os efeitos civis da sentença penal que define o fato criminoso no processo-crime:

> Art. 935. A responsabilidade civil é independente da criminal, não se podendo questionar mais sobre a existência do fato, ou sobre quem seja o seu autor, quando estas questões se acharem decididas no juízo criminal.

Na Lei nº 9.099/95 temos a reparação e a composição civil dos danos causados pela infração penal, nos arts. 71 a 74, que abriga ideias de um sistema consensual. Também o art. 297 da Lei nº 9.503/1998, o

Código de Trânsito Brasileiro, dispõe sobre a multa reparatória aplicável ao prejuízo material causado pelo crime. No mesmo sentido, a Lei nº 9.605/1998, no art. 12, versa sobre a pena pecuniária a ser paga pelo infrator criminal, seguindo a mesma linha do art. 45, § 1º, do Código Penal sobre a prestação pecuniária.

Na legislação trabalhista e previdenciária encontramos normas sobre acidentes de trabalho e outras infrações trabalhistas, as quais dialogam com os fatos apurados na esfera criminal e que geram consequências na relação de trabalho e na percepção de benefícios previdenciários, quando inclusive investiga-se responsabilidade de empregador e seus prepostos diante da ocorrência de homicídios e lesões corporais.

Ainda, pode ser lembrado a interação que pode haver entre a investigação criminal e o processo tributário e administrativo. A fiscalização tributária e administrativa pode impulsionar sua ação fiscalizadora e de controle a partir de investigações policiais.

Pelas linhas acima já se observa que a investigação criminal oferece subsídios para outras áreas, ou seja, ela não é unidirecional[24] , não se destina apenas a acusação, até mesmo porque, também, oferece subsídios para a defesa do investigado em todos os níveis, inclusive recursal e na revisão criminal, principalmente, para o convencimento judicial sobre hipótese criminal, que se serve de provas produzidas na fase investigativa.

Com a **função extraprocessual,** a investigação criminal metaforicamente pode ser olhada à distância, quando podemos observar outras funções para ela, projetadas para fora do processo e com nuances distintas da função instrumental-processual.

Poderíamos apresentar *funções metajurídicas* como a preservação da paz social, da ordem e da tranquilidade, e a garantia do exercício do

---

[24] Nesse sentido Sandro Lúcio Dezan, Investigação criminal: conduzida por delegado de polícia, p. 92.

direito de liberdade dos cidadãos; ou a convivência cidadã, democrática e pacífica aludida por Alvarez (2009, p. 123 ss); a "produção alternativa de obediência com consentimento social, sob o império da Lei" debatido por Muniz e Proença Júnior (2014, p. 494); a defesa e garantia dos direitos e liberdades fundamentais do ser humano (Guedes Valente, 2013, p. 261 e 277); as quais são intrínsecas à função policial, mas interessa para este momento discorrermos sobre a função de prevenção de dano a bem jurídico tutelado criminalmente, que a investigação exerce de forma reflexa.

A prevenção se desdobra em prevenção administrativa de perigo e prevenção repressiva ou reativa de crimes[25]. Esta (repressiva) situa-se no campo específico das funções da investigação criminal.

Ao desencadear medida investigativa ou meio de obtenção de prova, está em ação uma função preventiva e repressiva tanto da função quando da organização policial investigativa. Esta função é projetada quando a polícia intima e realiza oitiva de testemunhas, vítimas e suspeitos, empreende buscas pessoais e apreende objetos e instrumentos do crime, paralisa ação criminosa em andamento através de prisão em flagrante ou não, submete suspeitos à acareação, identificação, realiza exames periciais e submete os criminosos ao julgamento e punição pelo Poder Judiciário. Através dela é reforçada a confiança no sistema de justiça, que caracteriza também uma prevenção geral em relação a outras pessoas, e uma prevenção especial em relação ao indivíduo investigado. Estas funções investigativas e instrutórias são exercidas autonomamente pela polícia judiciária sem mandado ou autorização prévia da autoridade judiciária (Ferrajoli, 2010, p. 729 e 732), com observância de técnica específica, normas legais e princípios constitucionais.

Essas atividades investigatórias ordinárias realizadas pela polícia podem se direcionar estrategicamente para atividades ou grupos

[25] Guedes Valente a classifica como prevenção reativa à lesão do bem jurídico (2012, p. 322).

criminosos habituais, profissionais ou organizados, que demandam serviços e técnicas policiais apropriadas, às vezes especializadas, sobre os quais a ação policial busca manter o controle, impedindo-os de agir pela vigilância constante ou incapacitando-os mediante sua prisão, chegando Fentanes (1979, p. 143) a defender que nestes casos a prevenção especial é a primeira forma de atuação da polícia judiciária.

Então, a investigação criminal é funcional à prevenção especial e específica no caso concreto, mas, também, é funcional à **prevenção geral** negativa ao expressar o caráter pedagógico da intervenção policial, perante os investigados e perante a comunidade em geral. É a dissuasão de delinquentes potenciais de passarem da fase de ideação (planejamento) para o ato, ou, dos atos preparatórios para a consumação.

A realização de diligências investigativas, ainda, tem função **humanitária e social**, cujos fins imediatos não são processuais penais, conforme ensina Guedes Valente (201, p. 323). São, portanto, funções direcionadas às vítimas de crimes, quando a polícia arrosta a violência, o perigo ou dano, nos casos de crimes contra o patrimônio, a vida e à integridade geral da vítima e sua família, através de socorro e encaminhamento médico e psicológico, amparo e apoio nos momentos de violência no pós-crime, enfim os efeitos colaterais sobre vítimas, suspeitos (se for o caso) e testemunhas de maneira a proporcionar um ambiente controlado e que se possa desenvolver os trabalhos de coleta e preservação das provas.

Ainda sobre a função preventiva da investigação criminal Guedes Valente, acertadamente, reflete sobre a **prevenção científica** (2012, p. 325), em que os casos criminais agrupadamente ou individualmente, na sua roupagem fenomenológica, são estudados com objetivo de permitir a formação de teorias de médio ou grande alcance que possibilitem aperfeiçoar a intervenção jurídica, social, urbanística, educacional, econômica, em suma, fornecer subsídios para o desenvolvimento de políticas criminais e políticas públicas visando eliminar ou diminuir a criminalidade e os desvios sociais.

Por fim, a função da investigação criminal transcende a instrumentalidade da ação penal, quando realiza funções derivadas das **tarefas restantes**, as quais às vezes podem se confundir com a função humanitária e social descrita anteriormente. A teoria das tarefas restantes atribui à polícia - e portanto à polícia judiciária como organização e à investigação criminal como função - solucionar problemas que outras instituições como a família, a escola, a igreja, o clube, condomínio, associações, sindicatos não conseguiram resolver na origem e ainda não apresentaram solução imediata" (Silva Pereira, 2015, p. 16. Garrido. Stangeland. Redondo, 2006, p. 852)

Como corolário do *princípio da subsidiariedade* o profissional da investigação pode ser chamado a exercer função "onde os indivíduos, os grupos, etc., não se bastam por si mesmo (Kaufmann, 2010, p. 333), quando realiza ações complementares e supletivas àquelas descritas nas normas jurídicas, principalmente nas ações de apoio durante um problema grave da vida do cidadão, como nos casos de investigação de violência doméstica, investigação de crimes violentos, acidentes automobilísticos, uso de substância entorpecente. Nestes casos configuram ofensas a bem jurídico individual, mas também a investigação criminal pode socorrer os setores da administração pública quando esta é vítima de ação criminal, oferecendo aconselhamento e orientações para assegurar o patrimônio público e evitar que novos crimes aconteçam. Inclusive, autoridades policiais são convocadas, às vezes, para compor equipe de trabalho de outras esferas da administração, devido à excelência de trabalhos executados que as habilitam a auxiliar outro ramo da administração pública.

O princípio da subsidiariedade é inerente à função policial e no nosso caso específico à função investigativa, até mesmo porque não é possível prever legalmente todas as medidas que a polícia pode realizar no exercício de suas funções, quando for chamada para debelar a lesão a um direito, que pode se traduzir em situações que a força possa vir a ser útil (Muniz. Proença Júnior, 2014, p. 494). A escolta e a proteção à vítima são exemplos dessa função. Por esta razão, cabe à organização policial regulamentar situações de intervenção policial subsidiariamente às normas legais sobre a investigação criminal.

Conclui-se que além da função interna processual penal, a investigação criminal exerce outras funções extraprocessuais e externas de prevenção geral, social, científica e nas tarefas restantes.

6.5 Função de implementação da política criminal do Estado

Ao estudar a relação do poder com a justiça, Damaska (*apud* Salinas p. 199 ss), atenta para três questões fundamentais: a) os atributos dos funcionários; b) suas relações; e c) a maneira que tomam suas decisões, resultando na formulação do modelo hierárquico e do modelo coordenado de justiça criminal, interessando para nossos estudos neste momento discorrer brevemente a finalidade do processo e da investigação no modelo de implementação de política criminal do Estado e no modelo de resolução de conflitos.

Na investigação criminal, no contexto de um processo criminal voltado para a implementação de uma política criminal (Salinas p. 203), o Estado, por seu órgão legislador, estabelece metas e os instrumentos necessários para conseguir sua execução. Com isso, a investigação está serviço de uma política criminal ou programa de enfrentamento à criminalidade, geralmente sob a direção dos órgãos da administração pública. É o que vemos, por exemplo, na política criminal de combate à criminalidade organizada, ao tráfico de entorpecentes e às facções criminosas que exigem instrumentos legais e estruturas coordenadas para desenvolver as ações repressivas. Denota-se que esta função é similar e pode se associar à função de combate ao crime.

No exercício desta função a investigação goza de maior autonomia técnica e a polícia tem maior protagonismo para permitir uma resposta eficaz ao combate ao crime, mas pode servir a programas político-ideológico que afasta-se do interesse público.

Como uma política estatal, potencialmente a investigação criminal pode exercer função importante no **controle do crime**, principalmente na criminalidade organizada, violenta, de massa, transnacional e do colarinho branco. Afora sua potencialidade de controle do crime ela também é acidental, pois em muitas situações a investigação poderá ter apenas natureza instrutória que servirá apenas para manifestação da soberania estatal, ou, quiçá para permitir mediação estatal de conflitos visto nos crimes de ação penal privada.

O controle do crime pode ser uma finalidade da investigação criminal e do sistema de justiça criminal, onde a luta contra o crime é orientada pela celeridade e eficácia. Atualmente o controle do crime é uma pauta importante da sociedade e do Estado brasileiro, levando os especialistas a apontar a investigação policial como a ferramenta mais apta para isso (Cerqueira, 2018. Bueno e Lima, 2017). Mas, por outro lado vemos tentativas de protagonismos encetados pelo ministério público, que se serve de uma legitimidade carismática e em pretensa bondade do órgão e, consequentemente, de poder autoatribuído por ele, mas que praticamente se está a criar novo poder despótico, como bem adverte Silva Pereira (2019, p. 170).

Esta função pode ser funcional a uma política criminal organizada pelo Estado para arrefecer os níveis de violência ou uma criminalidade especifica que provoca insegurança cidadã.

A polícia investigativa é dotada de competências mais adequadas para assegurar com diligência e rapidez a inocência ou culpabilidade do investigado, preponderantemente na fase preliminar ao processo criminal, diferentemente do manejo de uma investigação judicializada, cabendo recordar as polêmicas e desajustes funcionais que isso pode gerar. A realização de interrogatórios e atos urgentes e acautelatórios de provas é incumbência da polícia que a realiza autonomamente (Salinas, 2010, p. 188). Esta vertente pode conduzir à chamada policialização do processo (Guedes Valente, 2013, p. 271), em que as competências policiais preventivas foram ampliadas, com fundamento numa política criminal que requer "igualdade de armas" entre a criminalidade organizada e a polícia (Albrecht, 2010, p. 267).

Com a vertente de controle do crime no âmbito do processo penal, podem ser adotadas medidas mais duras que flexibilizam garantias individuais, e os processos podem ser mais céleres e as penas mais ampliadas, com regimes de cumprimento também duros.

6.6 Função de resolução de conflitos interpessoais

Na investigação com função de resolução de conflitos interpessoais (Salinas, p. 203) o legislador oferece mais liberdade às partes para defesa de seus interesses durante a resolução dos conflitos intersubjetivos. Não se almeja o interesse de castigar, de persuadir moralmente ou reabilitar o infrator.

Esta função prática da investigação criminal e do processo penal, se baseia em epistemologia subjetivista que não admite o conceito de verdade como conformidade dos conteúdos cognoscitivos com um mundo físico independente, ensina Marina Gascón Abellán. É comum no sistema adversarial da *commow law*, e se contenta com uma composição satisfatória das partes, independente da verdade dos fatos, bastando convencer o juiz sobre suas proposições fáticas para obter um resultado formal e operativo para o caso conflituoso. Ao solucionar o conflito o Estado está aplicando a lei e pondo final ao conflito de forma definitiva, sem deixar os conflitos indefinidamente insolúveis, causando insegurança social (Abellán, 2010, p. 39).

As partes gozam de certa autonomia para iniciar o processo, podendo a vítima provocar a investigação ou não, como vemos nos crimes de ação privada ou condicionada a representação da vítima. Este modelo – que exige uma função diferenciada da investigação criminal – se aproxima bastante do modelo do processo civil.

Embora as partes gozem de autonomia no tocante ao direito subjetivo lesado, à investigação criminal caberá exercer sua função ordinária de esclarecimento dos fatos, com nível cognitivo de menor profundidade. Por outro lado, nos crimes que atingem bens jurídicos coletivos, como o patrimônio público, a vida etc., a ideia de solução de conflitos pode ser compreendida na justiça e investigação negociada.

6.7 Função democrática e humanitária

Nos estudos sobre os processos de reforma da polícia *lato sensu*, que também toca diretamente a investigação criminal, geralmente estas reformas gravitam em torno de duas visões principais: a democrática e a humanitária. Reflexamente estas visões influenciam na função da investigação criminal, já que indicam alguns valores a serem prestigiados.

Vamos analisar cada uma delas com apoio em Mesquita Neto (2011, p. 372).

A **visão democrática** se orienta pela necessidade de proteger e defender o regime democrático e os direitos humanos, alicerçada axiologicamente pelas seguintes características:

a) A polícia deve dar prioridade operacional máxima à prestação de serviços para cidadãos individuais e grupos da sociedade, não para o governo e os governantes;

b) A polícia deve ser responsável perante a lei e não perante o governo;

c) A polícia deve proteger os direitos humanos, especialmente aqueles que são requeridos para a livre atividade política, que é a marca característica da democracia; e

d) A polícia deve ser transparente em suas atividades.

Já na **visão humanitária** é colocado para a polícia o objetivo de proteger e promover os direitos humanos, do investigado e das pessoas envolvidas. A polícia tem de desenvolver mecanismos internos e externos de responsabilização pelo desrespeito desses direitos, com isso ela se identifica com a função do devido processo legal. Seu oposto é a visão legalista ou de lei e ordem.

Mesquita Neto (2011, p. 372), inspirado em Charles Call descreve outras concepções de polícia, com enfoque reformista:

f) Lei e da ordem, que objetiva controlar o crime, principalmente o crime organizado e o terrorismo;

d) Visão pacifista, para casos de locais conflagrados, como vemos na missão de paz promovida pelo Exército Brasileiro no Haiti, a ocupação de favelas na cidade do Rio de Janeiro, quando a polícia se dedica a construir e promover a paz em locais atingidos por guerras civis ou processos graves de ruptura da ordem pública; e

d) Desenvolvimentista, ligada a ideologia liberal economicista e eficientista, ela atenta para a redução dos custos do crime e da violência que permitam investimentos e desenvolvimento econômico da sociedade.

6.8 Função essencial e função acessória da investigação criminal

Analisamos as várias e diversificadas funções da investigação criminal, agora podemos ensaiar sua delimitação funcional considerando sua essência e as funções acidentais ou impróprias:

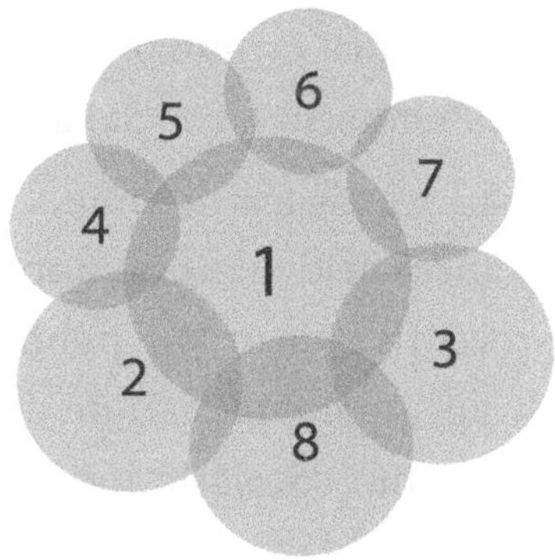

Funções essenciais: 1. Busca da verdade. 2. Solução de problemas. 3. Devido processo legal.

Funções acidentais: 4. Extraprocessual. 5. Controle do crime. 6. Implementação de política criminal do Estado. 7. Solução de conflitos criminais.

A investigação criminal é um procedimento metódico regulado juridicamente e tecnicamente que consiste em descobrir os elementos sensíveis deixados pela infração criminal, o agente que a perpetrou, suas circunstâncias e motivação, para formação de uma hipótese fática e criminal que possibilite a tomada de uma decisão provisória ou definitiva.

Na operacionalização da investigação essencialmente se busca *conhecer crimes*, onde o gênero próximo é o ato de *conhecer* e a diferença específica é o objeto *crime*, segundo a clássica lógica aristotélica que visa dizer o que uma coisa é. Este conhecimento é realizado mediante pautas axiológicas que considera a verdade e a observância de regras legais, com a finalidade de solucionar problemas dados epistemologicamente, os quais emergem das relações interpessoais.

Contudo, além da essência a investigação criminal possui conexão com algo que não lhe é intrínseco, que às vezes está presente e outras vezes não está presente, ou seja, algo *que é e não é*, como a prevenção de crimes, a implantação de política criminal, o castigo ou absolvição de um criminoso, o apoio humanitário ou social à vítima etc.

Disso decorre, que a investigação criminal exerce funções essenciais ou institucionais e outras acidentais ou impróprias, as funções policiais administrativa, preventiva, de ordem pública, e da mesma maneira à função judicial (ou quiçá parajudicial) de dizer provisoriamente o direito no caso criminal. Como corolário lógico, então, há um núcleo funcional próprio e autônomo da investigação criminal que interage com outras funções, cuja operacionalização segue princípios, regras, estratégias, técnicas e conjunto de saberes próprios. O direito estatal de punir infratores da lei pressupõe que haja uma substância argumentativa de força racional, encontrada na investigação criminal (Barreto Junior, Barreto, Couto, 2010, p. 7).

Ordinariamente a investigação criminal nos países civilizados é uma missão policial, cuja estruturação orgânica da função pode ser acometida a modelos diferentes de polícia, mas em todas elas haverá um corpo de autoridades e agentes especializados na matéria, os quais auxiliam outras instituições que acidentalmente manejam a matéria, a exemplo do ministério público e do Judiciário, uma vez que é um sistema aberto. Então, analogamente à figura anterior podemos sintetizar institucionalmente a investigação criminal da seguinte forma:

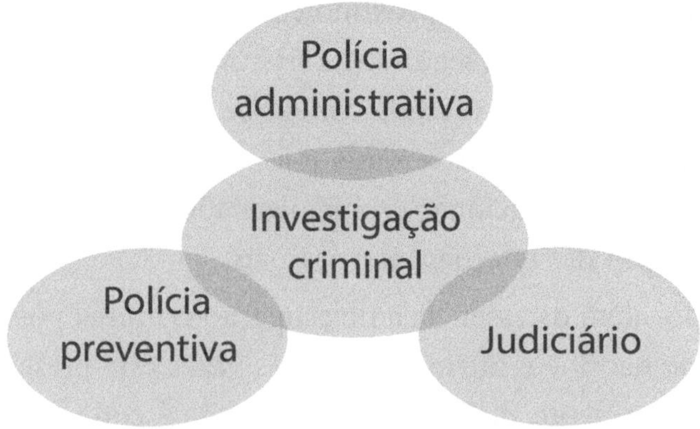

A função investigativa oficial é caracterizada pela necessária presença de situações em que a força é autorizada e necessária para produzir obediência e solucionar provisoriamente os conflitos criminais, (Muniz e Proença Jr., 2014, p. 495), uma vez que a solução definitiva é dada pelo Poder Judiciário.

Isso, não significa que outras pessoas não possam se dedicar à investigação criminal privada e academicamente, por lhe faltar o requisito de uso da força e, quiçá, da oficialidade. A qualquer pessoa é possível *conhecer o crime*, mas institucionalmente somente os órgãos estatais possuem mandato para reprimi-lo, em diversas dimensões. Tal conhecimento dependerá da natureza da investigação realizada. Ao pesquisador acadêmico é livre o estudo da matéria nas suas diversas manifestações: jurídica, técnica, tática, criminalística; à defesa são atribuídos poderes para investigar crimes e colher provas no interesse da defesa de seu cliente; ao detetive particular é possível alguns atos investigativos no interesse de seus clientes privados; aos serviços auxiliares da polícia investigativa são deferidos atos específicos de apoio; ao diletante a análise das produções artísticas sobre o tema; a qualquer interessado é livre a análise técnica de casos criminais do cotidiano etc. Entretanto, o exercício oficial da investigação é missão dos órgãos e pessoas autorizados legalmente.

7
PRINCÍPIOS DA INVESTIGAÇÃO CRIMINAL

Defendemos uma matriz específica para a investigação criminal e para o ato investigativo, devido às suas peculiaridades no tocante ao objeto, método e valores que a permeiam, os quais chegam a conformar um conjunto de princípios próprios que podem ser divididos em técnicos, jurídicos e lógicos. Vejamos alguns, sem a pretensão de esgotar o tema:

7.1 Princípios técnicos

Podem ser lembrados desde *os princípios da correspondência, de intercâmbio e transferência*, desenvolvidos na gênese formativa da investigação. Eles já foram mencionados ao longo desta obra. Edmond Locard (1939, p. 250) já preconizava um método composto por observação, hipótese, experiência e raciocínio, os quais podem ser desdobrados em princípios de ordem técnica no âmbito da investigação.

Além dos citados princípios sistematizamos outros princípios baseados nas ideias desenvolvidas até o momento, por nós. São eles: imediatismo, equilíbrio e controle, oportunidade e representação racional do fato.

7.1.1 Princípio da transferência

Como vimos nos tópicos 1.3 e 4.11.1, pela transferência a vítima deixa resíduos no autor e no cenário, e o cenário deixa seus resíduos no autor e na vítima, e quando localizados os resíduos ou marcas estas possibilitam uma vinculação entre eles e, portanto, o esclarecimento do crime.

Elucidativo é o triangulo da transferência elaborado por Gusmán (2010, p. 29), que demonstra a conexão entre os intervenientes do ato criminal, conforme figura abaixo:

7.1.2 Princípio da correspondência

Pela correspondência o criminalista identifica um corpo, ou sua forma, quando dois objetos se interagem e deixam marcas entre si, seja pelo contato, compressão ou deslocamento dos objetos. Pelos resultados causados em um corpo é possível definir a característica de outro corpo, portanto, se maneja processos causais. É exemplificado pela marca de um sapato numa determinada superfície que permite levar ao conhecimento do dono do calçado.

7.1.3 O princípio do imediatismo

Compreende a necessidade de iniciar os atos investigativos, tão logo o investigador tome conhecimento do fato criminal, inclusive, se possível, no menor lapso temporal após a ocorrência criminal, visando evitar a perda de vestígios e informações, em virtude da ação da natureza (chuva, sol), do tempo e dos agentes criminosos que podem empreender manobra diversionista. A imediatidade não é o flagrante delito, mas persegue o sincronismo possível entre o ato criminoso e o seu conhecimento, para permitir a captação mais fidedigna da ação investigada. Não se resume a isso, o sincronismo, já que também possibilita a coleta de provas mais íntegras, sem defeitos, sem manipulação.

Como decorrência desse princípio a polícia investigativa detém o *direito da primeira intervenção*, traduzida nas faculdades de intervir e tomar todas medidas autorizadas que não admitam demora (Roxin, 2003, p. 58), ou seja, ela "tem de investigar os fatos e de tomar as medidas necessárias ao seu esclarecimento [.......] de modo independente, ou seja, sem que haja uma requisição", conforme ensina a escola alemã secundada por Peter-Alexis Albrecht (2010, p. 256).

Guedes Valente (2012, p. 75-76) defende que a Polícia é a primeira organização estatal com vocação e atuação operativa e jurídica para a efetiva tutela dos direitos e liberdades fundamentais do cidadão, lesados ou colocados em perigo de lesão por condutas humanas, assim como lhe cabe, prontamente, em primeira linha, promover o equilíbrio da tutela desses direitos e liberdades.

7.1.4. Princípio da oportunidade

Geralmente é confundido com o princípio do imediatismo, pela doutrina tradicional. Para nós, pela oportunidade o investigador tem liberdade para analisar o momento adequado para desenvolver uma diligência, avaliando sua conveniência, aptidão, necessidade e efetividade para o fim que pretende alcançar. Uma medida pode atender a imediatidade, mas poderá frustrar o sucesso de uma investigação com resultados mais favoráveis, como por exemplo no caso da entrega controlada que preconiza o adiamento da atuação policial para momento posterior mais propício.

A oportunidade e o imediatismo devem ser balanceados pelo operador investigativo, de acordo com as circunstâncias do caso concreto, em busca da eficiência geral da investigação. Ambos são inerentes à investigação criminal e ocupam uma dimensão tática no processo investigativo.

7.1.5 Princípio do equilíbrio e controle

Considerado como princípio tático, mas que transcende este aspecto, temos o *princípio do equilíbrio e controle*, onde o investigador tem de ter domínio integral da investigação, das informações e ações desenvolvidas, mantendo estável e controlado o desenvolvimento dos atos investigativas, para tal tem de eliminar os fatores que prejudicam a dinâmica investigativa. Isso, se aplica inclusive nos casos em que a compartimentação da investigação é necessária, uma vez que alguns atos investigativos são realizados por terceiro operador investigativo, mas o controle geral que engloba elementos táticos, estratégicos e finalísticos é exercitado pela autoridade implementadora da investigação.

Para efetivá-lo o Estado-investigador, assim como a práxis investigativa, coloca a operatividade desse princípio sob responsabilidade de uma autoridade, para exercer a direção e, logicamente, o controle equilibrado da ação investigativa, a qual conta com auxiliares, denominados agentes da autoridade.

7.1.6 Princípio da representação racional do fato

Pelo princípio da representação racional do fato investigado, o criminalista realiza um exercício de reconstrução do evento, a englobar a dinâmica temporal, modal, causal que permitam explorar as lacunas, os detalhes da prática criminosa. É um procedimento racional, analítico, mental, cuja operatividade é por raciocínio, lembrando que investigar também é raciocinar e pressupõe teorias factuais, que podem ser regularidades causais empíricas ou máximas de experiência. É impraticável investigar sem representar mentalmente o aspecto fenomenológico do crime. Peirce (2017, p. 216) já dizia, que todo raciocínio é diagramático, sem exceção, quando se constrói um ícone do estado da coisa investigada e passamos a observá-lo.

Nas tipologias criminais complexas com multiplicidade de ação, sujeito, modo, meio e diversidade temporal, o criminalista deve ser dotado de boa visão sistêmica com capacidade heurística para perceber a integração dos fatos isolados, com as respectivas representações.

A representação mental tem como pano de fundo a hipótese construída inicialmente, portanto, tem caráter explicativo e pressupõe uma observação anterior de vestígios e informações. Por ela, o investigador ensaia uma recognição que o leva a retrodição (ou pós-cognição), mas pode também permitir uma precognição de fatos, correspondente a uma predição.

Mais que um método investigativo, a representação racional é um princípio pragmático inerente ao ato de investigar que permite o conhecimento de crime. Investigar é raciocinar, é reconstruir, é conhecer e, principalmente, é representar o evento criminoso. Para isso, analogicamente se pode usar os recursos da linguagem teatral para auxiliar no exercício da representação criminal, refletindo sobre seus elementos essenciais: o tempo, o espaço e os personagens.

Este princípio é otimizado atualmente pelos recursos da tecnologia da informação que auxilia na formação de gráficos e casos criminais, como o softwares *Analyst's Notebook*, o *UFED Cloud Analyzer* e o *Nexus*, amplamente usados para representação dos casos. Nos primórdios da Polícia Federal, já se manejava o denominado "bolotário" ou a "aranha", pelas autoridades policiais federais[26].

7.1.7 Princípio da contingência

Tudo é cognoscível pelo homem? Todo caso criminal é escrutável, pode ser solucionado?

O criminalista inexoravelmente tem de conviver com o princípio da contingência. Ele adverte que o esclarecimento do caso criminal é possível, pode ocorrer ou não, a depender das condições de sua realização, mas principalmente pela inexistência de obstáculos, os quais podem influenciar nas tendências que se apresentam na evolução da investigação

---

[26] Para aprofundar sobre as origens das investigações da Polícia Federal, veja nosso "A gênese das grandes operações investigativas da PF", Disponível em: https://periodicos.pf.gov.br/index.php/RBCP/article/view/526/309.

(Abbagnano, p. 200-201). Pela contingência o esclarecimento pode *ser ou não ser*, é possível que que ocorra o resultado desejado, portanto, é incerta a verdade a ser alcançada, uma vez que está condicionada a realização de algumas condições.

A investigação obrigatoriamente tem prazo para ser realizada e, também, sofre limitações de várias ordens: técnica, científica, econômica, jurídicas etc., que pode ocasionalmente impedir o conhecimento de um crime. O fator contingencial pode ser espontâneo, por exemplo, pela complexidade intrínseca do caso, ou provocada por fatores externos, presentes nas diversas limitações cognitivas.

O princípio da verdade real, que pode assumir a vertente da verdade absoluta, em investigação criminal, não pode ser levado ao pé da letra, até mesmo porque a investigação está sujeita a outro princípio geral de direito diz que "ninguém é obrigado a fazer o impossível" (*Nemo tenetur ad impossibilita*). Esta posição aponta para àquela corrente, que conta com nossa adesão, que a investigação navega pelo ceticismo moderado, onde o conhecimento é possível de ser alcançado, com mínimo de segurança e confiabilidade, portanto, defendemos o realismo moderado na busca da verdade fática, como assinalamos no tópico 6.1.

Como vimos no tópico 4.10, ao lado do dever de esclarecimento dos casos criminais caminha o paradoxo do risco de não esclarecimento. A investigação é uma engenharia social para resolver conflitos, dentro de um regime epistemológico-jurídico próprio que enfrenta barreiras para o conhecimento criminal, contudo, estas barreiras não constituem uma impossibilidade prática ou teórica para a determinação da verdade de um evento criminal[27]. Isso não representa uma fragilidade da investigação criminal, pelo contrário indica a necessidade de equilíbrio no seu desenvolvimento para evitar injustiça ao indivíduo investigado. Ela está

---

27 Nesse sentido, Nicolás Guzmán, *La verdade en el processo penal: uma contribuición a la espistemología jurídica*, p. 25. Sobre a negação da verdade no processo, com impossibilidade teórica, ideológica e prática, veja-se Michele Taruffo, *La prueba de los hechos*, p. 27 ss.

sujeita às mesmas dificuldades cognitivas presentes em outros ramos do saber.

Diferentemente de outras ramos investigativos, como a história e o jornalismo, o operador investigativo criminal não conta com a possibilidade de reabrir a investigação num futuro incerto. Ela até pode ser desencadeada fora de seu tempo, apenas para outros fins que não seja a persecução em juízo. Também, a investigação criminal não pode depender da evolução futura da ciência, de forma que fatos antigos possam ser resolvidos agora, com o surgimento de recursos técnico-científicos que propicie o esclarecimento do fato investigado.

Segundo a melhor doutrina de orientação moderadamente realista, a verdade dos fatos é possível e adota a correspondência entre o fato e o que dele se enuncia, com lastro em provas fáticas. Esta doutrina reconhece que o conhecimento sofre limitações tanto pela capacidade perceptiva humana quanto pelas restrições impostas à ação investigativa pelo sistema jurídico, como a proibição de provas ilícitas por exemplo. Há um consenso que a verdade buscada é a processualmente válida, ou aproximada.

7.2 Princípios lógicos

Como discorremos nos capítulos anteriores, a investigação criminal dialoga com os raciocínios lógicos no seu processo investigativo, tanto o dedutivo como o indutivo, mas principalmente o abdutivo, que chega a conformar genuíno princípio da investigação. Vejamos brevemente a abdução e o princípio da melhor hipótese.

7.2.1. Princípio da abdução

Diante de uma situação surpreendente ou anômala, no caso investigativo criminal de um evento, são construídas hipóteses explicativas e baseado nelas o criminalista elabora consequências experimentais ou extrai predições de diligências que podem ser desencadeadas, para ao final observar se a consequência esperada aconteceu ou não. Para maior aprofundamento remetemos o leitor para o tópico 4.1 do Capítulo 4.

Princípio da melhor hipótese

No desenvolvimento da investigação o criminalista deve atentar para o princípio da melhor hipótese, buscando desenvolver capacidade (abdutiva) de construir hipóteses promissoras e manter equilíbrio para evitar hipóteses prematuras ou sem alicerce, e para buscar provas legítimas e éticas.

Na escolha da melhor hipótese devem ser considerados os seguintes requisitos, segundo Peirce (2017, p. 233-234. *Apud* Santaella, 2004, p. 126):

a) Deverá ter capacidade explicativa de fatos surpreendentes, ou seja, deve dar conta dos fatos ou alguns deles.
b) Deverá ter capacidade de ser submetida ao teste da experiência.
c) Deverá ser econômica no processo de escolha da hipótese que será explicada primeiro, considerando que a possibilidade de haver várias hipóteses concorrentes, a requerer emprego de recursos financeiros, tempo, energia física e mental no processo de experimentação.

Ferrer Beltrán (2007, p. 130) ensina que na investigação criminal a formulação de hipóteses deve seguir os seguintes requisitos:

1. A hipótese deve ser logicamente consistente e significativa, sem vazio de conteúdo semântico.
2. A hipótese deve ser fundada em alguma medida em conhecimento já existente.
3 A hipótese deve ser empiricamente contrastável.
4. A contrastabilidade deve ser potencial e imediata, no plano técnico do momento e no tempo exigido pela investigação criminal.
5. A hipótese deve ser juridicamente relevante, no plano penal e processual penal.

Para Beltrán os três primeiros requisitos são exigidos pela ciência em geral, já os dois últimos são exigências do Direito. De fato, a hipótese deve estar apta a experimentos, a ser submetida à prova empírica no momento da investigação, mais precisamente durante toda a persecução criminal, depreendendo-se que não abrange uma contrastação futura que dependa de evolução técnico-científica não disponíveis no momento da investigação.

A investigação criminal não é apta para proceder a pesquisas sociológica ou criminológica de desvios sociais, é necessário que haja possibilidade de submissão a um processo judicial para apurar a responsabilidade criminal de alguém. Logicamente a apuração de desvios individuais podem levar à formação de considerações sobre a existência de desvios sociais. Lembre-se que no Capítulo 3, examinamos o objeto da investigação criminal, onde discorremos sobre o crime como um desvio social.

7.3 Princípios jurídicos

Com abordagem jurídica pode-se recensear muitos princípios investigativos: inocência, menor sacrifício, integridade física e moral do investigado, idoneidade dos meios (Tasse, 2005); ampla defesa com seus temperamentos (Saad, 2004. Rovégno, 2005. Silva Pereira, 2019. Ghirardelli Coelho, 2017); órgão investigador natural, igualdade das partes (Ghirardelli Coelho, 2017), humanização da investigação, motivação e fundamentação (Giacomolli, 2011); verossimilhança e possibilidade (Barcelos e Vidal, 2017); eficiência (Costa Ferreira, 2011). Acrescentamos os princípios da legalidade, devido processo legal, da dignidade da pessoa humana, proporcionalidade, vedação de prova ilícita, celeridade, moralidade, verdade aproximada.

Nos ocuparemos apenas da *menor invasividade* ou menor sacrifício, *devido processo investigativo* e *necessidade de comprovação*, mas realçamos que os demais devem ser objeto de estudo e efetiva aplicação pelos criminalistas, inclusive, consideramos alguns como verdadeiros dogmas da investigação, do direito policial e processual e penal.

7.3.1 Princípio da menor invasividade

O princípio da menor invasividade preserva a personalidade do cidadão investigado, o núcleo essencial da sua intimidade e vida privada, bem como a presunção de inocência, recomendando ao investigador realizar as diligências investigativas que menos ofenda os direitos do investigado. Isso se deve a natureza eminente coativa dos atos investigativos, que em certa medida penetra ora na liberdade, ora na psique, ora no patrimônio, ora na intimidade do indivíduo investigado, como discorremos em outro trabalho (Santos, 2013, p. 118 e 2017, p. 95).

Adel El Tasse (2005, p. 24) preconiza o menor desgaste possível na investigação, salientando que os "atos que importem em extremado sacrifício ao particular [....] devem ser evitados, tornando a investigação o menos sofrida possível". A intervenção investigativa deve também ser proporcional à gravidade do crime investigado, havendo a necessidade então de um regime jurídico bem arquitetado para assegurar o desejado equilíbrio entre a necessidade de se investigar crime e os direitos individuais do investigado, como defendemos em outra oportunidade (Santos, 2013, p. 107 ss).

Com isso, não entendemos que na investigação não possa encetar medidas invasivas, quando elas são necessárias, logicamente com observância do princípio da proporcionalidade na aferição dos interesses atingidos.

7.3.2 Princípio da devida investigação criminal

Em momentos de crises sociais que o Brasil vem enfrentando nos últimos tempos, a devida investigação vem sendo solenemente ignorada por setores de algumas instituições, ora não reconhecendo alguns dos direitos individuais descritas acima, mas principalmente não prestigiando a legalidade processual no tocante ao exercício dos atos investigativos, como a inobservância da autoridade autorizada legalmente para praticar a investigação, passando também pela forma descompromissada que adota a administrativização do processo investigativo, ignorando as advertências do processo penal que foi estruturado exatamente para assegurar os direitos e garantias individuais, com regras bem delineadas. Isso está presente no movimento desencadeado pelo ministério público, por intermédio de procedimentos unilaterais e infralegais que visam universalizar a prática da investigação por qualquer órgão administrativo, dentro de uma visão utilitarista, mas também corporativista, que enfraquece a investigação em sua função protetiva dos direitos individuais do investigado, já que tais órgãos administrativos não estão vocacionados e preparados sob os influxos do processo penal e normas penais correlatas.

Portanto, a devida investigação compreende a observância de procedimentos previstos em leis, praticados por quem detém o poder-dever investigativos previstos na Constituição Federal e das normas legais que tratam da matéria.

Pimentel Júnior e Moraes (2017, p. 44 ss) bem defendem que a devida investigação legal está estruturada com os princípios da legalidade, investigante natural, contraditório, defesa, publicidade, paridade de armas, imparcialidade, reserva de jurisdição, inadmissibilidade de provas ilícitas, duração razoável da investigação, presunção de não culpa, não autoincriminação. No tocante ao contraditório, que pode ser considerado polêmico na investigação, os referidos autores se alinham ao contraditório possível, a abranger o "acesso à informação sobre a imputação e sobre os elementos coligidos, e a faculdade de se manifestar e apresentar argumentos que lhe seja interessantes e favoráveis" (2017, p. 46 ss).

Tal princípio abrange também o aspecto metodológico da investigação criminal, com sua base lógica que lhe proporciona critérios de legitimidade, validade e verdade com estrita observância do Estado de Direito, conforme descrevemos no tópico 4.7, inspirado no magistério de Maria Fernanda de Palma[28].

---

[28] Nesse sentido, Michele Taruffo, *Simplemente la verdad*, 2010, p. 220.

7.3.3 Necessidade de comprovação

A investigação será manca se não tiver suporte em provas, se o processo investigativo e, principalmente, o enunciado final não estiver lastreado em provas. Se a crença apurada não estiver validada por elementos probatórios, persistirá a dúvida sobre o evento investigado. Não basta construir hipótese fértil, explicativa do crime investigado, coerente e sem lacuna, é necessário apresentar as provas que lhe forneça esteio, a hipótese deve ser submetida a verificações experimentais.

Por isso o método investigativo criminal do Código de Processo Penal regula os meios de provas, chegando a descrever os procedimentos iniciais da autoridade policial para a coleta de provas, no art. 5º. Tal diploma legal e outras normas esparsas, como a lei de organizações criminosas, disciplinam a matéria, meio e a forma de produção de prova, portanto, a comprovação probatória deve ser legítima e válida, segundo o direito probatório vigente.

A comprovação não é apenas um princípio jurídico, constitui também um requisito lógico, mas acima de tudo conforma um princípio específico da investigação criminal que transcendente a fase de justificação. Investigar é descobrir, reconstruir, mas acima de tudo provar o descoberto, o reconstruído.

8
CONSIDERAÇÕES FINAIS – DECÁLOGO DO BOM INVESTIGADOR

A possibilidade de reconstrução do fato penal não é absoluta, conforme pensamento garantista de Luigi Ferrajoli alinhado à concepção semântica da verdade. Ela encontra limites na aquisição de conhecimentos vinculados ao crime e, por consequência, admite-se apenas uma verdade aproximada ou processual de fatos investigados (Ferrajoli, 2002, p. 48 ss).

Ferrajoli construiu seu programa garantista com cognitivismo processual que corresponde a estrita jurisdicionariedade, com a presença de verificabilidade e refutabilidade das hipóteses tanto no plano fático como jurídico, com um processo de cognição ou de comprovação mediante procedimento probatório indutivo, sem uso de elementos valorativos. Isto corresponde a um sistema de persecução criminal próprio de um Estado de Direito que prestigia a dignidade da pessoa humana, conforme o autor (Ferrajoli, 2002, p. 40).

Neste sentido, para além de orientação epistêmica a investigação criminal se orienta por valores jurídico-filosóficos desenvolvidos ao longo do tempo, os quais animam preceitos éticos e políticos, como os seguintes princípios: a observância do Estado democrático de direito; da legalidade penal e processual; do devido processo legal; da proteção dos direitos humanos dos investigados, envolvidos e da sociedade; da vedação de provas ilícitas na investigação; abertura democrática para participação do investigado ou da defesa naquilo que for compatível; emprego de técnicas investigativas de menor invasividade e ofensividade à personalidade do investigado; respeito ao núcleo essencial da intimidade do cidadão; proporcionalidade das medidas investigativas ao nível de gravidade do crime etc.

Portanto, apesar de comportar carga epistêmica, a investigação não pode constituir um fim em si mesmo, uma categoria alheia a função política da organização estatal estritamente comprometida com a dignidade da pessoa humana, e instrumental à paz social e a convivência pacífica.

O estudo da investigação criminal pode ocorrer através de abordagens diversas da mesma forma que o estudo da polícia, podendo ser político, jurídico, histórico e sociológico, como ressaltamos ao longo deste trabalho, entretanto não recebe atenção nas pesquisas acadêmicas tal como a fase processual e de julgamento, apesar de a investigação criminal ser considerada a fase que há maior consumo de energia do que a fase de solução jurídica compreendida pela denúncia, processamento e decisão do caso penal, como colocado por Döhring (1963, p. 1).

A investigação compreende desde o conhecimento de um suposto fato penal, passando pelas buscas dos dados informativos sobre o crime, a explicação e determinação positiva ou negativa de uma conduta criminosa, com caráter preliminar misto, definitivo ou provisório – a depender do tipo de prova produzida, como no caso da irrepetível que é definitiva –, muitas vezes chegam a ser desenvolvidas investigações sigilosas e complexas para acesso a dados ocultos ou de difícil acesso, as quais mobilizam recursos logísticos e humanos de custeio caro aos cofres públicos, requerendo então estudos multidisciplinares para sua compreensão.

De acordo com o professor italiano Francesco Sidoti (2006, p. 169), da combinação da ciência com a investigação que surge a figura pública e privada que se dedica a investigação profissionalmente, chegando tal autor a destacar a diferença entre investigação criminal e criminalística, onde nesta se refere à *quando* e *como* se cometeu o delito, mas ao contrário da investigação criminal a criminalística não define se o fato examinado é um delito, com suas variáveis e circunstâncias. Também difere da criminologia devido a base eminentemente científica e tecnológica da criminalística (Sidoti, 2006, p. 288), ou seja, estão relacionadas aos conhecimentos das ciências naturais. Embora referido autor tenha razão em algum aspecto, no tocante à dinamização da investigação pela ciências naturais, entendemos que a investigação já nos primórdios já possuía uma dinâmica própria relativa à descoberta e angariação de vestígios sobre o evento criminal, portanto, já era fértil o estudo e a prática no âmbito fenomenológico, guardadas as peculiaridades do momento histórico da fase inicial da investigação, com suas idiossincrasias que não são aceitas nos tempos atuais, como vemos no emprego da tortura no processo cognitivo factual. A investigação criminal é fruto do processo evolutivo da sociedade, assim como todas as demais ciências ou disciplinas.

Com estudos desenvolvidos até aqui, denota-se uma arquitetura da investigação criminal apoiada na ideia que ela constitui uma disciplina com especificidade própria, no tocante ao seu significado e à matéria a ser investigada, com funções e métodos bem definidos, e com princípios próprios. Mesmo assim possui caracteres interdisciplinares, quando colhe saberes de outros ramos científicos, inclusive, explicitamos que o pensamento pragmatista, com suas contribuições epistemológicas - com destaque para a abdução de Peirce -, oferece pautas investigativas importantes para o estudo de uma teoria da investigação, principalmente os construtos teóricos de Charles Sanders Peirce, John Dewey e Susan Haack. A despeito de estudos transdisciplinares, a investigação criminal deve também ser estudada na tridimensionalidade realiana, transcendendo o fato com sua roupagem fenomenológica e debruçando-se sob o aspecto valorativo e normativo que compõem a realidade jurídica, esta que inevitavelmente é inerente à disciplina. Silva Pereira chega a defender uma imbricação fático-valorativa que "permeiam todas as nossas experiencias no mundo" (2018, p. 227).

A atividade investigativa criminal requer do criminalista: argúcia, muita dedicação, frieza, persistência, postura ética, estudo e conhecimentos metodológicos, treinamento, habilidade para adotar opção estratégica, boa capacidade informativa e memória, capacidade reflexiva etc.

Finalizando nossas reflexões sobre investigação criminal, apresentamos a seguir o perfil do bom investigador defendido por Susan Haack (2007, p. 97. *Apud* Taruffo, 2010, p. 221), com perspectiva epistemológica, mas aplicável ao operador da investigação e ao criminalista em geral, que pressupõe que a determinação da verdade segue procedimento racional com regras e princípios, com método que permita submeter o resultado do procedimento a controle que determine sua validade, no mesmo sentido defendido por Maria Fernanda Palma e que foi enfrentado no tópico 4.7. Vemos também nas premissas de Haack, a presença clara de conceitos abdutivos peirceanos e do falibilismo popperiano. Segundo a autora, o bom investigador deve observar as premissas abaixo, as quais constituem verdadeiro decálogo do bom investigador:

1) Fazer conjecturas informando sobre a explicação possível para os fenômenos que lhe dizem respeito.

2) Checar estas conjecturas, como se apresentam diante das provas disponíveis e as provas futuras que se possa ter em sua mão.

3) Usar a apreciação dos fenômenos para apreender as conjecturas, modificando-as, moldando-as etc.

4) Precisa de imaginação para pensar explicações plausíveis do fenômeno problemático, para conceber formas de obter provas que ele necessita e para descobrir fontes potenciais de erros.

5) Precisa de cuidado, habilidade, persistência para buscar qualquer prova relevante que ninguém tenha obtido, bem como outros elementos de provas relevantes.

6) Honestidade intelectual, fibra moral para resistir à tentação de desviar-se do caminho das provas que possam minar as suas conjecturas, ou manipular prova desfavorável que ele não possa evitar.

7) Pensamento racional rigoroso, para descobrir as consequências das conjecturas.

8) Bom senso para avaliar o peso da prova.

9) Não deixar se seduzir por desejos, ou medo, ou esperança de obter a posse, ou, resolver o caso rapidamente.

10) Não se deixar seduzir pelo desejo de agradar um chefe ou mentor, ou, de tornar-se rico e famoso.

BIBLIOGRAFIA

ABAGANNO, Nicola. *Dicionário de filosofia.* São Paulo: Martins Fontes, 2003.

ABELLÁN, Marina Gascón. *Los hechos en el derecho.* 3 ed. Madrid: Marcial Pons, 2010.

______. *Prueba y verdade en el derecho.* 2 ed. Madrid: Marcial Pons, 2005.

ALBRECHT, Peter-Alexis. *Criminologia. Uma fundamentação para o direito penal.* Rio de Janeiro: Lumen Juris/ICPC, 2010.

ALMEIDA FERREIRA, Bilmar Angelis de. RIGUEIRA, André Di Lauro. *Os indicadores-chave de desempenho como aliados da análise criminal.* Revista Brasileira Segurança Pública. São Paulo v. 7, n. 2, 68-88 Ago/Set 2013.

ALMEIDA JR., João Mendes Almeida. *Processo criminal brazileiro.* 3 ed. Rio de Janeiro: Typ. Baptista de Souza, v. I e II, 1920.

ALVAREZ, Jairo Enrique Suárez. *La ciencia de policía. Un estado del arte.* Bogotá: Policía Nacional de Colombia/Escuela de Estudios Superiores de Policía, 2019.

ANITUA, Gabriel Ignacio. *Histórias dos pensamentos criminológicos.* Rio de Janeiro: Editora Revan – Instituto Carioca de Criminologia, 2008.

ANSELMO, Márcio Adriano. Busca exploratória. *In: Henrique* Hoffmann, Leonardo Marcondes Machado. Márcio Adriano Anselmo, Ruchester Marreiros Barbosa (Org.). *Polícia judiciária no estado democrático de direito.* Rio de Janeiro: Lumen Juris, 2017.

AQUINO, Felipe. *Para entender a Inquisição.* Lorena: Cléofas, 2009.

ARAÚJO DUTRA, Luiz Henrique de. *Pragmática da investigação científica.* São Paulo: Loyola, 2008.

______. *Verdade e investigação: o problema da verdade na teoria do conhecimento.* São Paulo: EPU, 2001.

_______. *Introdução à teoria da ciência.* 3 ed. rev. atual. Florianópolis: Editora da UFSC, 2009.

_______. *Oposições filosóficas: a epistemologia e suas polemicas.* Florianópolis: Editora da UFSC, 2005.

ARÓSTEGUI, Julio, 2006. *A pesquisa histórica.* São Paulo: EDUSC, 2006.

AZEVEDO JÚNIOR, Paulo Ricardo de. *A lenda negra da inquisição.* Disponível em: https://padrepauloricardo.org/aulas/a-lenda-negra-da-inquisicao. Acesso: 20.02. 2018.

_______. *A inquisição e seu contexto.* Disponível em: https://padrepauloricardo.org/aulas/a-inquisicao-em-seu-contexto. Acesso: 15.02.2018

BADARÓ, Gustavo Henrique. A colaboração premiada: meio de prova, meio de obtenção de prova ou um novo modelo de justiça penal não epistêmica? *In:* Pierpaolo Cruz Botini. Maria Thereza de Assis Moura (Coord.). *Colaboração premiada* São Paulo: Editora Revista dos Tribunais, 2017, p. 127-147.

BARBERÁ, Francisco Antón. LUIZ Y TURÉGANO, Juan Vicente. Policía científica. Volumen I. 3 ed. *Colección ciencia de policía.* Valencia: Tirantlo Blanch, 1998.

BARCELOS, Daniel. VIDAL, Luciano. *Homicídios: método de investigação – Técnicas de entrevista e interrogatório.* Lisboa: Editora Chiado, 2017.

BARROS, Felipe Luiz Machado. *Fenomenologia do direito penal no sertão potiguar.* Disponível em: http://www.ambito-juridico.com.br/site/index.php?n_link=revista_artigos_leitura&artigo_id=434. Acesso em: 20.08.218.

BELTRÁN, Jordi Ferrer. *Pruebas y verdad em el derecho.* 2 ed. Madrid: Marcial Pons, 2005.

_______. *La valoración racional de la prueba.* Madrid: Marcial Pons, 2007.

BRAZ, José. *Investigação criminal: a organização, o método e a prova.* 2 ed. Lisboa: Almedina, 2010.

BRITTO, Aldo Ribeiro. *A investigação criminal à luz da investigação científica. Breves considerações sobre uma interface metodológica.* Revista Jus Navegandi. Disponível em: http://jus.com.br/artigos/30852/a-investigacao -criminal-a-luz-da-investigacao-cientifica#ixzz3XrNoeVj5>. Acesso em: 10.08.2017

BONFANTINI, Massimo A. PRONI, Giampolo. Suposição: sim ou não: eis a questão. *In:* ECO, Umberto. SEBEOK, Thomas A. (Org.). *O signo de três.* São Paulo: Perspectiva, 2014.

BOROGNI, Daniel. *Uma "Fenomenologia da percepção".* Disponível em: https://questcosmic.wordpress.com/2017/11/12/o-poder-fenomenologico-da-percepcao/. Acesso em: 06.09.2018.

BUENO, Samira. LIMA, Renato Sérgio de. *Faces da indiferença.* Disponível em https://g1.globo.com/monitor-da-violencia/noticia/faces-da-indiferenca.ghtml. Acesso: 26.09.2017

BULHÕES, Gabriel. *Investigação defensiva e a busca da paridade de armas no processo penal.* Boletim Ibccrim, São Paulo, ano 26, nº 305, abril/2018, p. 7-9.

CABRAL, José Santos. *Uma incursão pela polícia.* Coimbra: Almedina, 2007.

CAPRETINI, Gian Paolo. Peirce, Holmes, Popper. *In:* ECO, Umberto. SEBEOK, Thomas A. (Org.). *O signo de três.* São Paulo: Perspectiva, 2014.

CASILLAS, Francisco José Dias. Desarollo de la ciencia de policía. Antecedentes históricos. *In Memorias del I Congreso Internacional de Ciencia de Policía.* Bogotá: Policía Nacional de Colombia, 28, 29 y 30.10.2009, p. 61-72.

CASTELLS, Manuel. *A sociedade em rede.* Lisboa: Calouste Gulbenkian, 2011.

CEPIK, Marco. *Espionagem e democracia: agilidade e transparência como dilemas na institucionalização de serviços de inteligência.* Rio de Janeiro: Editora FGV, 2003.

CERQUEIRA, Daniel. É preciso investir nas áreas de inteligência e atacar a 'banda podre' da polícia, alerta especialista do Ipea. Disponível em: http://sosbrasilsoberano.org.br/e-preciso-investir-nas-areas-de-inteligencia-e-atacar-a-banda-podre-da-policia-alerta-especialista-do-ipea/. Acesso em: 21.03.2018.

CHAUÍ, Marilena. *Convite à filosofia.* São Paulo: Editora Ática, 2004.

COELHO. Emerson Girardelli. *Investigação criminal constitucional.* Belo Horizonte: Del Rey, 2017.

COLOMER, Luis Gómez. Estado democrático y modelo policial: una propuesta de diseño de carga a lograr una investigación eficaz del crimen. *In*. AMBOS, Kai, GÓMEZ COLOMER, Juan-Luis. VOGLER, Richard (Ed). *La policía en los estados de derecho latinoamericanos: un proyecto internacional de investigación*. Bogotá: Ediciones Jurídicas Gustavo Ibañez (Instituto Max-Planck para el Derecho Penal Extranjero), 2003, p. 01-14.

CONGRESSO DE INVESTIGAÇÃO CRIMINAL, 2º. Lisboa: Associação Sindical dos Funcionários de Investigação Criminal. Instituto de Direito Penal e Ciências Criminais da Faculdade de Direito da Universidade de Lisboa, 2009.

COUTO, Marcelo Augusto. *Investigação e inteligência policial*. Porto Alegre: Núria Fabris, 2015.

CUNHA, Antônio Geraldo. *Dicionário etimológico da língua portuguesa*. Rio de Janeiro: Nova Fronteira, 1982.

DANCY, Jonathan. *Epistemologia contemporânea*. Lisboa: Edições 70, 2002.

DARTIGUES, André. *O que é fenomenologia*. 10 ed. São Paulo: Centauro, 2008.

DAURA, Anderson Souza. *Inquérito policial: competência e nulidade de atos de polícia judiciária*. 2 ed. São Paulo: Juruá, 2008.

DEWEY, John. *Experiência e natureza*: Lógica: a teoria da investigação; Vida e educação; Teoria da vida moral. São Paulo: Abril Cultural, Coleção Os Pensadores, 1980, p. 58.

______. *Como pensamos*. 2 ed. São Paulo: Companhia Editora Nacional, 1953.

______. *Reconstrução em filosofia*. 2 ed. São Paulo: Companhia Editora Nacional, 1959.

DEZAN, Sandro Lúcio. Art. 2º, § 3º (Vetado). O delegado de polícia conduzirá a investigação criminal de acordo com seus livre convencimento técnico-jurídico, com isenção e imparcialidade. *In: Investigação criminal conduzida por delegado de polícia. Comentários à Lei 12.830/2013*. SILVA PEREIRA, Eliomar da. DEZAN, Sandro Lúcio (Coord.) Curitiba: Juruá, 2013, p. 79-102.

DEZEM, Guilherme Madeira. *Da prova penal: tipo processual, provas típicas e atípicas*. Campinas: Millenium, 2008.

DIAS, Jorge Figueiredo. *Direito processual penal*. Coimbra: 2004.

ECO, Umberto. SEBEOK, Thomas A. (Org.). *O signo de três.* São Paulo: Perspectiva, 2014.

ELBERT, Carlos Alberto. *Novo manual básico de criminologia.* Porto Alegre: Livraria do Advogado, 2009.

FENTANES, Enrique. *Compendio de ciência de policía.* Buenos Aires: Editorial Policial, 1979.

FERNANDES, Antônio Scarance. Tipicidade e sucedâneos de provas. *In:* FERNANDES, Antônio Scarance. ALMEIDA, José Raul Gavião de. MORAES, Maurício Zanóide de (Coord.). *Provas no processo penal. Estudo comparado.* São Paulo: Saraiva: 2011, p. 13-45.

FERRAJOLI, Luigi. *Direito e razão: teoria do garantismo penal.* 3 ed. rev. São Paulo: Revista dos Tribunais, 2010.

FERREIRA, Luís Henrique Costa. FERREIRA, Nilton José Costa. *Investigação criminal: um estudo metodológico.* Salvador: OSPA, 2011.

GARRIDO, Vicente. STANGELAND, Per. REDONDO, Santiago. *Principios de criminologia.* 3 ed. rev. e ampl. Valencia: Tirant lo Blanch, 2006.

GARRIDO, Vicente. SOBRAL, Jorge. *La investigación criminal.* Barcelona: Nabla Ediciones, 2008.

GIACOMOLLI, Nereu José. *A fase preliminar do processo penal.* Rio de Janeiro: Lumen Juris, 2011.

GIDDENS, Anthony. *Sociologia.* 8 ed. Lisboa: Calouste Gulbenkian, 2010.

GINZBURB, Carlos. *Mitos, emblemas, sinais: morfologia e história.* São Paulo: Companhia das Letras, 1989.

GOMES FILHO, Antônio Magalhães. *Direito à prova no processo penal.* São Paulo: Revista dos Tribunais, 1997.

GOMES SILVA, Márcio Alberto. *Inquérito policial: uma análise jurídica e prática da fase pré-processual.* 3 ed. Campinas: Millennium, 2016.

GOMÉZ, Germán Pabón. *Lógica del indicio em materia criminal.* Tomo I e II. 3 ed. Bogotá: Ediciones Nueva Jurídica/Ibañez, 2007.

GOTINSKI, Aline. QUEIROZ, David (Org.). *Investigação preliminar e processo penal: novos desafios e perspectivas.* Florianópolis: Empório do Direito, 2017

GROSS, Hans. *Instrucção dos processos criminaes.* Lisboa: A. M. Teixeira, s/d.

GUEDES VALENTE, Manuel Monteiro. *Do ministério público e da polícia. Prevenção criminal e ação penal como execução de uma política criminal do ser humano.* Lisboa: Universidade Católica Editora, 2012.

______. *Teoria geral do direito policial.* 3 ed. Coimbra: Almedina, 2012.

______. A cientificidade da actuação policial como garante dos direitos humanos. In: *Revista Brasileira de Ciências Policiais.* Brasília: Academia Nacional de Polícia, vol. I, nº I, jan-jun 2010, p. 13-20.

______. A ciência policial na sociedade tardo-moderna como fundamento do estado de direito democrático. *In: Revista Brasileira de Ciências Policiais.* Brasília: Academia Nacional de Polícia/Polícia Federal, vol. 2, nº 2, jul--dez/2011, p. 47-63.

GUIRADO, Maria Cecília. *Reportagem: a arte da investigação.* São Paulo: Arte & Ciência, 2004.

GUSMÁN, Carlos A. *La investigación criminal: el examen em el escenario del crime.* Buenos Aires: IBDF, 2010.

GUTIERRE, Jézio Hernani Bonfim. GONZALEZ, Maria Eunice Quilici. BROENS, Mariana Claudia. *Teoria do conhecimento.* São Paulo: UNESP/NeAD/Redefor, 2011. Disponível em: https://unespaberta.ead.unesp.br/index.php/cursos /item/ 323-tc. Acesso em: 03.09.2018.

GUZMÁN, Nicolás. *La verdade en el processo penal: uma contribución a la epistemologia jurídica.* Buenos Aires: Del Puerto, 2006.

HAACK, Susan. *Evidencia e investigación. Hacia la reconstrucción en epistemología.* Madrid: Editorial Tecnicos, 1997.

____________. *Defending science. Within reason. Between scientism and cynicism.* New York: Prometheus Books, 2007.

HARROWITZ, Nancy. O arcabouço do modelo de detetive: Charles S. Peirce e Edgar Allan Poe. *In: O signo de três.* ECO, Umberto. SEBEOK, Thomas A. (Org.). São Paulo: Perspectiva, p. 199-218, 2014.

HEGENBER, Leônidas. *Dicionário de logica.* São Paulo: EPU, 1995.

HEMPEL, Carl G. *Filosofia da ciência natural.* Rio de Janeiro: Zahar Editora, 1974.

HOLLOWAY, Thomas H. *Polícia no Rio de Janeiro: repressão e resistência numa cidade do século XIX.* Trad. Francisco de Castro Azevedo. Rio de Janeiro: Fundação Getúlio Vargas, 1977.

HORVAT, Marian. *5 Mitos sobre a Inquisição refutados por uma PHD em história.* Trad. Rafael Rodrigues. Disponível em: http://apologistascatolicos.com.br/index.php/idade-media/inquisicao/851-5-mitos-sobre-a-inquisicao-refutados-por-uma-phd-em-historia-medieval. Acesso em: 10/04/2018.

JORGE-BIROL, Alline Pedra. Justiça criminal versus restaurativa: com a palavra a vítima. *In: Temas para uma perspectiva crítica do direito.* 2 ed. Rio de Janeiro: Lumen Juris, 2012, p. 85-93.

KAMEN, Henry. *The spanish inquisition: a historical revision.* 4. ed. Yale University Press, 2014.

KAUFMANN, Arthur. *Filosofia do direito.* 4 ed. Lisboa: Calouste Gulbenkian, 2010.

KERR, Vera Kaiser Sanches. A disciplina da prova no processo penal brasileiro. *In: Provas no processo penal. Estudo comparado.* FERNANDES, Antônio Scarance. ALMEIDA, José Raul Galvão de, MORAES, Maurício Zanóide de. (Coords.). São Paulo: Saraiva, 2011, p. 46-80.

KNELLER, George F. *A Ciência como atividade humana.* São Paulo: Zahar/Edusp, 1980.

KNIJNIK, Danilo. *Prova judiciária. Estudos sobre o novo direito probatório.* Porto Alegre: Livraria do Advogado, 2007.

KONIK, Roman. *Inquisição: mito e realidade histórica.* Catolicismo. Disponível em: http://catolicismo.com.br/materia/materia.cfm/idmat/6113500D-3048-560B-1C9A57FBCEBD780D /mes/Setembro2006. Aceso em: 29.03.2018.

L'HEUILLET, Hélène. *Alta polícia baixa polícia. Uma visão sobre a polícia e a relação de poder.* Lisboa: Editorial Notícias, 2004.

LAUDAN, Larry. Prólogo. *In*: Jordi Ferrer Beltran. *La valorización jurídica de la Prueba.* Madrid: Ed. Marcial Pons, 2007.

LOCARD, Edmond. *A investigação criminal: métodos científicos.* São Paulo: Livraria Acadêmica/Saraiva & Cia Editores.

LOPES JR., Aury. *Sistemas de investigação preliminar no processo penal.* 2 ed. rev., ampl., e atual. Rio de Janeiro: Lumen Juris, 2003.

_______. *Direito processual penal.* 10 ed. São Paulo: Saraiva, 2013.

_______. *Introdução crítica ao processo penal.* 5 ed., rev., atual., ampl. Rio de Janeiro: Lumen Juris, 2010.

LUKOSEVICIUS, Alessandro Prudêncio. MARCHISOTTI, Gustavo Guimarães. SOARES, Carlos Alberto Pereira. Panorama da complexidade: principais correntes, definições e constructos. *In: Revista Eletrônica Sistema & Gestão,* vol. 11, nº 4, 2016, p. 455-467. Disponível em: < http://www.revistasg.uff.b r/index.php/sg/article/view/1157/552>. Acesso: 27.09.18.

MACHADO, Helena. *Manual de sociologia do crime.* Porto: Edições Afrontamento, 2008.

MACHADO, Leonardo Marcondes. Justa causa: o potencial contramajoritário da investigação criminal. *Revista Consultor Jurídico.* Disponível em: https://www.conjur.com.br/2018-jul-10/academia-policia-justa-causa-potencial--contramajoritario-investigacao-criminal. Acesso em: 10.07.2018.

MACHADO, Talles Amaral. VILALTA, Luís Antônio. *Novos paradigmas da investigação criminal.* Revista Brasileira de Ciências Policiais, v. 9, n. 1, jan/jul 2018, p. 13-41. Disponível em: https://periodicos.pf.gov.br/index.php/RBCP/article/view/542/339, acesso em: 11.12.2018.

MAGALHÃES, Luiz Carlos. Análise criminal e mapeamento da criminalidade - GIS. *In*: **Âmbito Jurídico**, Rio Grande, XI, n. 50, fev 2008. Disponível em: http://www.ambito-juridico.com.br/site/?n_link=revista_artigos_leitura&artigo _id=4405&revista_caderno=3. Acesso em: 06.07.2018.

MALAN, Diogo. Processo penal aplicado à criminalidade econômico-financeira. *In: Revista Brasileira de Ciências Criminais.* vol. 114. ano 23. p. 279-320. São Paulo: Ed. RT, maio-jun. 2015.

MARCONI, Marina de Andrade. LAKATOS, Eva Maria. *Metodologia científica.* 5 ed. rev. atual. São Paulo: Atlas, 2007.

MARQUES, José Frederico. *Elementos de direito processual penal.* Campinas: Millennium, 2000.

MARTINS, Rui Cunha. GIL, Fernando. Modos de Verdade. *In: Revista de história das ideias.* Coimbra: Instituto de História e Teoria das Ideias da Faculdade de Letras da Universidade de Coimbra, vol. 23, 2002.

MASSON, Cleber. *Direito penal. Parte geral.* 3 ed. rev. atual. ampl. São Paulo: Método, 2010.

MEIRELES, José Dilermano. *Ministério Público: sua gênese e sua história.* Brasília, 1983. Disponível em: http://www.mpdft.mp.br/portal/pdf/centro_memoria/livro%20MPDFT%20Sua%20g%C3%AAnese%20e%20sua%20hist%C3%B3ria.pdf. Acesso em: 28.10.2018.

MENDONÇA, Andrey Borges. Os benefícios possíveis na colaboração premiada: entre a legalidade e a autonomia da vontade. *In*: BOTINI, Pierpaolo Cruz. ASSIS MOURA, Maria Thereza de (CoordS.). *Colaboração premiada.* São Paulo: Editora Revista dos Tribunais, 2017, p. 53-101.

MITTERMAIER, C. J. A. *Tratado de la prueba en materia criminal.*11 ed. Madrid: Editorial Reus, 2004.

MONTEIRO DE CASTRO, Henrique Hoffmann. Polícia judiciária e garantia de direitos fundamentais. *In: Investigação criminal pela polícia judiciária.* MONTEIRO DE CASTRO, Henrique Hoffmann. MACHADO, Leonardo Marcondes (et. al.). Rio de Janeiro: Lumen Juris, 2016, p. 2-3.

MORAES PITOMBO, Antônio Sérgio. *Arquivamento do inquérito policial. Sua força e efeito.* Disponível em: http://www.sergio.pitombo.nom.br/artigos.php. Acesso em: 10.05.2012.

_______. Mais de cem e vinte e seis anos de inquérito policial - Perspectiva para o futuro. *Revista da Associação dos Delegados de Polícia do Estado de São Paulo.* Ano 19, nº 25, mar-1998, p. 9-20.

MORAES, Bismael B. *Estado e segurança diante do direito.* São Paulo: Revista dos Tribunais, 2008.

MORIN, Edgar. *Introdução ao pensamento complexo.* 5 ed. Lisboa: Piaget, 2008.

MUNIZ, Jaqueline. PROENÇA JÚNIOR, Domício. Mandato policial. *In: Crime, polícia e justiça no Brasil.* LIMA, Renato Sérgio de. RATTON, José

Luiz. AZEVEDO, Rodrigo Ghiringhelli de (Org.). São Paulo: Contexto, 2014, p. 491-502.

NICOLITT, André. *Manual de processo penal.* 2 ed., atual. Rio de Janeiro: Elsevier, 2010.

NOGUEIRA JORGE, Higor Vinicius. *Investigação criminal tecnológica.* Rio de Janeiro: Brasport, vol. 1 e 2, 2018.

NUCCI, Guilherme de Souza. *Manual de processo penal e execução penal.* 13 ed. Rio de Janeiro: Forense, 2016.

PACELLI, Eugênio. *Curso de processo penal.* 16 ed. atual. São Paulo: Atlas, 2012.

PALMA, Maria Fernanda. Introdução ao direito da investigação criminal e da prova. *In:* (Coord.) PALMA, Maria Fernanda. DIAS, Augusto Silva, MENDES, Paulo de Sousa. ALMEIDA, Carlota. *Direito da investigação criminal e da prova.* Coimbra: Almedina, 2014, p. 7-18.

PÊCHEUX, Michel. *Semântica e discurso: uma crítica à afirmação do óbvio.* 4 ed. Campinas: Editora da Unicamp, 2009.

PEIRCE, Charles Sanders. *Semiótica.* São Paulo: Perspectiva, 2017.

_______. *Ilustrações da lógica da ciência.* Aparecida/SP: Ideias e Letras, 2008.

PEREIRA, Frederico Valdez. *Delação premiada: legitimidade e procedimento.* 3 ed. rev. atual. Curitiba: Juruá, 2016.

PETERS, Edward. *Inquisition.* San Diego/USA: University of California Press, 1989.

PETTER, Margarida. Linguagem, língua, linguística. *In:* FIORIN, José Luiz (Org.). *Introdução à linguística.* 1 reimp., 6 ed. São Paulo: Contexto, 2011.

PIMENTEL JÚNIOR, Jaime. MORAIS, Rafael Francisco Marcondes. *Polícia judiciária e o direito de defesa na investigação criminal.* São Paulo: Editora Verbatim, 2017.

POPPER, Karl. A Lógica das ciências sociais. *In: Em busca de um mundo melhor.* Lisboa: Fragmentos, 1992.

______. *A lógica da pesquisa científica.* São Paulo: Cultrix, 2007.

______. *O Mito do contexto. Em defesa da ciência e da racionalidade.* Lisboa: Edições 70, 2009.

PRADO, Geraldo. *Prova penal de controle epistêmicos.* São Paulo: Marcial Pons, 2014.

RAVIER, Paul. MONTREUIL, Jean. BRIANÇON, Claude. *L'enquete de police judiciare.* Paris: Lavauzelle, 1979.

RIZZATO NUNES, Luiz Antônio. *A intuição e o direito. Um novo caminho.* Belo Horizonte: Del Rey/Inédita, 1997.

ROCHA, Luiz Carlos. *Investigação policial: teoria e prática.* 2 ed. rev. ampl.: Bauru, 2003.

ROCHA, Ubirajara. *A polícia em prismas.* São Paulo: Serviço Gráfico da Secretaria de Segurança Pública, 1964.

ROSA, Alexandre Morais da. *Para entender a delação premial pela teoria dos jogos: táticas e estratégias do negócio jurídico.* Florianópolis: Emodara, 2018.

ROVÉGNO, André. *O inquérito policial e os princípios constitucionais do contraditório e da ampla defesa.* Campinas: Bookseller, 2005.

ROXIN, Claus. *Derecho procesal penal.* Buenos Aires: Del Puerto, 2003.

SAAD, Marta. *O direito de defesa no inquérito policial.* São Paulo: Revista dos Tribunais, 2004.

SALINAS, Carmen Cuadrado. *La investigación en el proceso penal.* Madrid: La Ley, 2010

SANNINI NETO, Francisco. Lei 13.245/16: contraditório e ampla defesa na investigação criminal? *In: Temas atuais de polícia judiciária.* ZANOTTI, Bruno Tafner. SANTOS, Cleopas Isaías (Org.) Salvador: Juspodvm, 2016, p. 293-303.

______. A importância do inquérito policial para um estado democrático de direito. *In: Informativo Jurídico Consulex.* Ano XXIII, ano 40, 5.10.2009, p. 7-10.

SANTAELLA, Lúcia. *O método anticartesiano de C. S. Peirce.* São Paulo: Editora Unesp, 2004.

SANTOS, Célio Jacinto dos. *Investigação criminal especial.* Porto Alegre: Núria Fabris, 2013.

______. A polícia no pensamento criminológico: as origens dos saberes policiais investigativos. *In: Revista brasileira de ciências criminais.* Brasília, v. 3, n. 1, p. 103-107, jan/jun, 2012.

______. Art. 1º Esta lei dispões sobre a investigação criminal conduzida pelo delegado de polícia. *In: Investigação criminal conduzida por delegado de polícia.* PEREIRA, Eliomar da Silva; DEZAN, Sandro Lúcio (Org.). Curitiba: Juruá, 2013, p. 35-68.

______. Aspectos sobre os saberes policiais investigativos: a superação de alguns desafios. *In: Revista Brasileira de Segurança Pública 16.* São Paulo v. 9, n. 1, p. 50-61, Fev/Mar 2015. Disponível em: http://www. forumseguranca.org.br/publicacoes/aspectos-sobre-os-saberes-policiais-investigativos-a-superacao-de-alguns-desafios/. Acesso: 24.08.17.

______. *In: Organizações criminosas. Teoria e hermenêutica da Lei nº 12.850/2013.* PEREIRA, Eliomar da Silva. BARBOSA, Emerson Silva. Porto Alegre: Núria Fabris, 2015, p. 267-312.

__________. *Curso de teoria da investigação criminal.* Brasília: Ceicrim, 2017. Disponível em: https://ead.ceicrim.com.br. Acesso em: 22.03.2019.

__________. Polícia judiciária no estado democrático de direito. *In: Revista de Direito de Polícia Judiciária.* Brasília: Academia Nacional de Polícia. Ano 1, nº 1 jan/jul 2017, p. 81-128.

__________. A gênese das grandes operações investigativas da PF. *In: Revista Brasileira de Ciências Policiais.* Brasília, v. 8, n. 2, p. 11-68, jul/dez 2017. Disponível em: https://periodicos.pf.gov.br/index.php/RBCP/article/view/526/309. Acesso: 15.04.18.

SCHUVETER, Márcia Aparecida. Barros, José Benedito de. *Diálogo e dialética: semelhanças e diferenças.* Disponível em: http://profjosebenedito .blogspot.com/2013/02/dialogo-e-dialetica-semelhancas-e.html. Acesso em: 09.11.2018.

SEBEOK, Thomas A. SEBEOK, Jean Umiker. Você conhece meu método: uma justaposição de Charles S. Peirce e Sherlock Holmes. *In:* ECO, Umberto. SEBEOK, Thomas A. (Org.). *O signo de três.* São Paulo: Perspectiva, 2014.

SENTIS MELENDO, Santigado. *La prueba: los grandes temas del derecho probatorio.* Buenos Aires: EJEA, 1979.

SERRANO, Nicolás González-Cuéllar. *Ecos de inquisición*. Madrid: Castillo de Luna, 2014.

SHANNON, Albert C. *The medieval inquisition*. Michael Glazier/Liturgical Press.

SIDOTI, Francesco. *Criminologia e investigazione*. Milano: Giuffrè Editore, 2006.

SILVA PEREIRA, Eliomar da Silva. *Saber e poder: o processo (de investigação) penal*. Florianópolis: Tirant lo Blanch, 2019.

______. *Investigação, verdade e justiça. A investigação criminal como ciência na lógica do estado de direito*. Porto Alegre: Núria Fabris, 2014.

______. Direito penal das organizações criminosas: introdução aos problemas fundamentais. *In: Organizações criminosas. Teoria e hermenêutica da Lei nº 12.850/2013*. Porto Alegre: Núria Fabris, 2015, p. 15-46.

______. *Teoria da investigação criminal: uma introdução jurídico-científica*. São Paulo: Almedina Brasil, 2010.

______. *Introdução ao direito de polícia judiciária*. Belo Horizonte: Fórum, 2019.

SILVA, Gilvan Naibert e. *A fase da investigação na perspectiva do projeto do novo Código de Processo Penal*. Rio de Janeiro: Lumen Juris, 2017.

SIMÕES, Euclides Dâmaso. Direcção e execução da investigação criminal no quadro do Estado de Direito (contributos para uma melhor sintonia). *In: Congresso de Investigação Criminal*, 2º. Lisboa: Associação Sindical dos Funcionários de Investigação Criminal. Instituto de Direito Penal e Ciências Criminais da Faculdade de Direito da Universidade de Lisboa, 2009, p. 319-330.

SINTRA, António. Técnicas especiais de investigação. *Investigação criminal. Revista Semestral de Investigação Criminal, Ciências Criminais e Forense*. Lisboa: AFICPJ, nº 1, fev. 2011.

SOUSA, Stenio Santos. *Investigação criminal cibernética*. Porto Alegre: Núria Fabris, 2015.

SPIRE, Arnaud. *O Pensamento Prigogine*. Lisboa: Instituto Piaget, 2000.

TASSE, Adel El. *Investigação preparatória*. 2 ed., 2 tir. Curitiba: Juruá, 2005.

TARUFFO, Michele. *La prueba de los hechos*. Madrid: Editorial Trotta, 2011.

_______. *Simplemente la verdad*. Madrid: Marcial Pons, 2010.

THORWALD, Jürgen. *El siglo de la investigación criminal*. Editora Labor, s/d.

TOURINHO FILHO, Fernando da Costa. *Processo penal*. 11 ed., rev., atual. São Paulo: Saraiva, 1989, vol. I.

VASCONCELLOS, Vinicius Gomes de. *Barganha e justiça criminal negocial. Análise das tendências de expansão dos espaços de consenso no processo penal brasileiro*. São Paulo: IBCCRIM, 2015.

VICENTE DA SILVA, Élzio. *Operações especiais de polícia*. São Paulo: Novo Século, 2017.

_______. ROSAS RIBEIRO, Denisse Dias. *Colaboração premiada e investigação*. São Paulo: Novo Século, 2018.

WEHNER, Wolfang. *Historia de la criminología*. Barcelona: Zeus, 1964.

WENDT, Emerson. LOPES, Fábio Motta (Org.). *Ensaios sobre a arte de investigar crimes*. Rio de Janeiro: Brasport, 2014.

ZACARIOTTO, José Pedro. *A polícia judiciária no estado democrático*. Campinas: Brazilian Books, 2005.

ZAFFARONI, E. Raúl (et. al.). *Direito penal brasileiro*. 3 ed. Rio de Janeiro: Revan, 2006.

_______. *O Inimigo do direito penal*. Conferência ministrada na OAB/DF, Brasília, em 10.06.2011.

_______. *Derecho penal. Parte general*. Buenos Aires: Ediar, 2002.

ZBINDEN, Karl. *Criminalística: investigação criminal*. Trad. Lisboa: Tipografia-Escola da Cadeia Penitenciária, 1957.